赵士林 北大清华讲演录

开明出版社

中国的智慧

告诉你真实的传统
还历史以本来面目

什么是中国的智慧？
中国的智慧，是中国人生存发展的精神动力和文化源泉。
中国的智慧，首先体现于伟大的、悠久的中国传统，浓缩于古圣先贤贡献给我们的精神财富，凝结为儒家、道家、墨家、法家、兵家、禅宗等思想文化形态，并渗透在中国人的全部生活中。换一个通俗的说法，中国的智慧，就是中国人琢磨出来的活法。

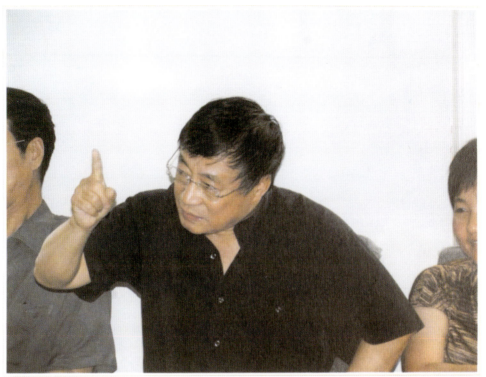

在学术研讨会上发言

代表博士生导师参加研究生毕业典礼

指导研究生

清华学员在聆听讲座

目录 中国的智慧

图书在版编目（CIP）数据

中国的智慧/赵士林著. —北京:开明出版社,2008.1

ISBN 978-7-80133-988-1

Ⅰ.中… Ⅱ.赵… Ⅲ.国学—普及读物 Ⅳ.Z126-49

中国版本图书馆 CIP 数据核字(2008)第 004874 号

中国的智慧

著者　赵士林

出版　开明出版社(北京海淀区西三环北路 19 号)

经销　北京市新华书店

印刷　北京盛天行健印刷有限公司

开本　787×1092　1/16

印张　12.375　　字数　160 千

版次　2008 年 1 月第 1 版　2008 年 1 月第 1 次印刷

书号　ISBN 978-7-80133-988-1

定价　49.00 元

目录

中国的智慧

图书在版编目(CIP)数据

中国的智慧/赵士林著.—北京:开明出版社,2008.1
ISBN 978-7-80133-988-1

Ⅰ.中… Ⅱ.赵… Ⅲ.国学—普及读物 Ⅳ.Z126-49

中国版本图书馆 CIP 数据核字(2008)第 004874 号

中国的智慧

著者　赵士林

出版　开明出版社(北京海淀区西三环北路 19 号)

经销　北京市新华书店

印刷　北京盛天行健印刷有限公司

开本　787×1092　1/16

印张　12.375　　字数　160 千

版次　2008 年 1 月第 1 版　2008 年 1 月第 1 次印刷

书号　ISBN 978-7-80133-988-1

定价　49.00 元

开场白

什么是中国的智慧？

中国的智慧，是中国人生存发展的精神动力和文化源泉。

中国的智慧，首先体现于伟大的、悠久的中国传统，浓缩于古圣先贤贡献给我们的精神财富，凝结为儒家、道家、墨家、法家、兵家、禅宗等思想文化形态，并渗透在中国人的全部生活中。换一个通俗的说法，中国的智慧，就是中国人琢磨出来的活法。

譬如儒家的智慧。孔子说：

智者乐水，仁者乐山。（《论语·雍也》）

孔子

为什么？

先说"仁者乐山"。仁者为什么乐山？因为仁者像大山连接于大地、矗立在大地上一样，坚守着仁的准则无比坚毅，毫不动摇。仁的准则就是做人的最根本的道德要求，你去翻《论语》，第一篇就记载着孔子的学生曾子每天多次进行的反省：

为人谋而不忠乎？与朋友交而不信乎？（《论语·学而》）

孟子

——为人办事是否尽心竭力？和朋友交往是否诚实守信？这些看似平平常常的人际交往要求就体现着最高的道德准则，也就是仁的准则。仁者就像大山坚守于大地一样坚守着这样的准则。

当然不能机械地理解"仁者乐山"，不能僵化地对待道德原则，在很多情况下都需要有变通。例如我们知道，儒家尊奉的礼制要求"男女授受不亲"，就是男女之间不亲手递接东西，但孟子又要求"嫂溺，援之以手"，嫂嫂掉进水里了，应该赶紧伸手把她救上来。《孟子·离娄（上）》中记载着这样一段对话：

淳于髡曰："男女授受不亲，礼与？"

孟子曰："礼也。"

曰："嫂溺，则援之以手乎？"

曰："嫂溺不援，是豺狼也。男女授受不亲，礼也；嫂溺，援之以手者，权也。"

翻译成现代汉语就是：

淳于髡问："男女之间，不亲手递接东西，这是礼制吗？"

孟子答道："是礼制。"

淳于髡又问："那么，假若嫂嫂掉到水里了，应不应该伸手去救她呢?"

孟子回答说:"嫂嫂掉到水里,不伸手去救她,这简直是豺狼了!男女之间不亲手递接东西,这是正常的礼制;嫂嫂掉到水里,赶紧伸手把她救上来,这是变通的办法。"

这里简单地说明一下,在以后的讨论中,凡是引用古代汉语原文的地方,我一般都会随后加上现代汉语的翻译。因此对古代汉语不太熟悉的朋友们不必担心。

那么话说回来。在孟子这里,"男女授受不亲"是道德的要求,而嫂嫂掉到水里了,立刻伸手把她救上来,这同样是道德的要求,甚至是起码的人性要求,这样一变通,就进入智者心态。

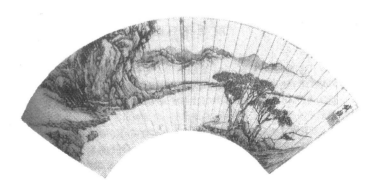

"智者乐水"，智者为什么乐水？因为智者像水一样，方则方，圆则圆，随类赋形，灵活变通。我们都知道，水，可以表现为长江巨浪，浩浩荡荡，一泻千里，也可以表现为深潭老井，波平如

镜，无古无今；可以表现为钱塘大潮，惊涛骇浪，摧枯拉朽，也可以表现为一池春水，轻风掠过，微波荡漾，所谓"风乍起，吹皱一池春水"。真正的智者，就像水一样，千变万化，无往不浸，特能适应具体环境，从容面对一切情况。因此，孔子又说：

智者动，仁者静。

　　当然，智者的动，智者的变通不是无原则，不是滑头主义。

　　例如，佛家的修行有很多严格的戒律，其中不杀不盗不淫不妄是四根本戒，一般情况下，破了四根本戒就没有资格留在佛门。但为了利益众生，为大众造福，在家修行菩萨行的居士，连四根本"戒"都可以破，这就是佛家所说的"饶益有情"。也就是说，造福众生是最大的原则，为了这个最大的原则，可以灵活地对待种种小原则，这就体现了智者的变通。总之：

5

> 山水相依，仁智共见，是中国的一大智慧，也是人生的一大境界。

儒家的智慧，儒家的精神是太阳的精神。我们来看太阳，无论日出还是日落，无论朝阳还是夕阳，都是那样灿烂辉煌，太阳每天都是新鲜的。我们也应该像先哲所要求的那样"日日新，又日新"（汤之《盘铭》），或者像佛家禅宗所说的那样"日日是好日"，让生活每天都有新气象。《易经》说：

天行健，君子以自强不息。

这句话告诉我们，君子总是能从刚健运行的宇宙中得到启示，得到鼓舞，从而自强不息，坚忍不拔地执著于自己的事业和理想。这里先顺便简单谈点儿《易经》。《易经》原来确实是占卜的书，也就是算卦的书，那是上古蒙昧初开，中华文明初露曙光的时代，先民的文化创造。在那个时代，先民认为天地万物背后都有一种神秘的力量支配着人类的命运，《易经》的占卜或者说算卦就是和

　　这种神秘力量打交道，希望通过对它的考察认识来预测人间的吉凶祸福，再进一步通过和它的沟通互动来改善自己的命运。这种神秘力量说到底就是我们常说的鬼神。但必须指出的是，从孔子开始，就已经不把《易经》看成算卦的书，而是专门阐释里面的哲学道理，就是说，伴随着文明的进步，孔子能够与时俱进，不是把《易经》看成和鬼打交道的书，而是把《易经》看成和人打交道的书，这就空前地提高了《易经》的文化品位。

　　荀子也早就讲过："善为易者不占。"（《荀子·大略》）就是说，真正懂得《易经》、善于运用《易经》的人，是不拿它来算卦的。

荀子

　　北宋有位大思想家叫李觏，他更坚决地反对对《易经》作神秘主义的解释，认为"吉凶由人"，"八卦之道在人"（《易论》），反对拿神秘的天意说事儿。

在科学昌明的今天，更不能拿《易经》来算卦，街头那些摆摊算卦的是对《易经》的糟蹋，那些开口闭口阴阳八卦，装腔作势、故弄玄虚，有时还玩点儿深沉的所谓易学大师其实都是些文盲或半文盲，都是些骗钱花、混饭吃的江湖术士。他们的行为可以用一句话来概括，那就是化神奇为腐朽。那么，《易经》的智慧、《易经》的精神到底是什么？在我看来，《易经》最可贵的精神就是勇猛精进、自强不息。《易经》头一卦就是乾卦，乾卦象征着太阳、运动、生长、活力、刚强等。这主要体现为儒家的精神，太阳的精神。

儒家的智慧之外，还需要道家的智慧，太阳的精神之外又需要月亮的精神。

就好像《易经》在乾卦之外还需要有坤卦，男人之外还要有女人，缺了哪一方也就不会有人类，也就不会有世界。月亮的精神就是道家精神，大智若愚，大巧若拙，知足常乐，韬光养晦，柔弱胜刚强，不为天下先，无为无不为，道是无情却有情……多少人生智慧蕴藏在道家不露声色的谦卑中！你看那月光，多么温柔，多么谦虚，但她转瞬之间就替我们变换了世界，丑的变成了美的。朦胧的月色下，不是连一堆垃圾看上去都很美吗？因此，少男少女们都喜欢在月光的滋润下谈恋爱，而不喜欢在太阳的暴晒下谈恋爱。恋爱中的情侣许多亲昵的表示都显然不能在光天化日下进行，而只能在朦胧月光的掩护下进行。当然，今天后现代了，许多月光下的事都可以转移到公共汽车上了。

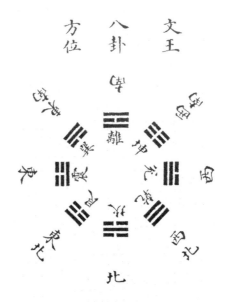

话说回来，儒道两家的智慧启示我们：

> 人生要当进则进，当退则退，云卷云舒，张弛有致。
>
> 该清醒的时候清醒，该糊涂的时候糊涂，该紧张的时候紧张，该放松的时候放松。
>
> 这样才有节奏，有韵味，有韧性，有生命力。

德国有位著名的悲观主义哲学家叫叔本华，他有一个著名的悖论：如果愿望没有实现，我们就因为不满而痛苦；如果愿望得以实现，我们就因为满足而痛苦。求不得苦，求得也苦。总之，人生的本质就是痛苦。我们不能陷入叔本华的这个悖论，我们应该学习苏东坡的智慧。

叔本华

11

苏东坡的智慧就是儒家的智慧加上道家的智慧。苏东坡的一生十分不顺利，由于他在政治上既不同意新党王安石的改革，又不同意旧党司马光的保守，因此新旧两党都不待见他，新党执政排挤他，旧党执政也排挤他，他的政治抱负自然无法实现，还一次次地从京城被赶到外地任职，极少升迁，连平调都很少，最多的情况是遭到降职处分，最后被贬到海南岛。

苏东坡

　　那时的海南岛可不像今天，旅游度假天堂，东方夏威夷。那时的海南岛是兔子不拉屎的不毛之地，被称为蛮荒之地。苏东坡除了被贬到蛮荒之地，还遭遇过文字狱。在湖州时，由于做诗遭人诬陷坐过牢，判了两年徒刑，押了四个多月，遇到特赦才提前放出来。这就是历史上有名的"乌台诗案"。但是，就在这种人生的逆境中，苏东坡却表现得十分旷达。他说："哺糟啜醨，皆可以醉。果疏草木，皆可以饱。推此类也，吾安往而不乐！"（《超然台记》）意思是说，最差劲的酒，也可以令我陶然而醉，最粗陋的饮食，也可以解决我的吃饭问题。你看我这样知足，还有什么能够令我不快乐！

王文公

苏东坡这样旷达，就体现了道家的气度。道家的气度之外，苏东坡更体现着儒家的风骨。他做官就做好官，不管官大官小，总能为官一任，造福一方。杭州西湖著名的一景是苏堤春晓，苏堤就是苏东坡在杭州做知州时留下的政绩，那是真正的政绩，对解决当年西湖的水患发挥了很大作用，不像今天某些官员专门制造假政绩蒙骗上司、劳民伤财大搞形象工程，例如将一片秃山刷成绿色冒充绿化等等。苏东坡始终坚持自己的政治主张，决不随波逐流，屈服于权势，同时又恪尽职守，心忧天下，为老百姓办

实事，这就体现了儒家风骨。苏东坡之所以能够兼得儒道两家的大智慧，还因为他具有一种宇宙情怀，这又是中国的大智慧。他参透了人生，参透了宇宙，深深地悟道"人有悲欢离合，月有阴晴圆缺，此事古难全"，还深深地悟道："自其变者而观之，则天地曾不能以一瞬；自其不变者而观之，则物与我皆无尽"（《前赤壁赋》），就是说，从变的角度看，天地间的存在每一瞬间都在发生着变化；但从不变的角度看，万物包括我们的存在都是永恒的、无限的。具有这样一种宇宙情怀，明白了这样一个人生的大道理，苏东坡就能无适无莫，随遇而安，流连于江上之清风与山间之明月，又能坚守政治理想和道德情操，为我们树立了一种高洁俊朗、潇洒出尘的人格境界。

　　总之，人生既需要太阳的精神，又需要月亮的精神；既需要儒家风骨，又需要道家气象。日月交辉，儒道互补，又是中国的一大智慧，也是人生的一大境界。正像《易经》所说，"悬象著明，莫大乎日月"，没有太阳和月亮，我们就不会拥有一个光明的世界，我们的生活就会暗淡而悲哀。

　　儒家和道家之外，以禅宗为代表的中国佛学，也是中国智慧宝库中的璀璨明珠。什么是禅宗的智慧？这里先简单地交代一下：禅宗的智慧向我们展现了一种不离感性又高于感性、活在人间又超越人间，指引我们体认人生本来面目，要求我们在瞬刻中求永恒的人生境界。

落叶满空山，何处寻行迹？

空山无人，水流花开，万古长空，一朝风月，担水砍柴，无非妙道，这就是禅宗的开悟，禅宗的智慧，儒家道家禅家之外，还有屈原式的缠绵悱恻、一往情深、上天入地、献身理想，这样一种热烈追求与牺牲精神，同样展现了中国智慧的无穷魅力与磅礴气势。因此司马迁在《史记》中说屈原的作品《离骚》"与日月齐光可也"。

中国的智慧，说不完，道不尽……

和世界上任何民族一样，中国的智慧，也浓缩于那些伟大哲人的思想中，也以那些伟大哲人为主要代表。例如：

孔子说：己所不欲，勿施于人。（《论语·颜渊》）

孟子说：民为贵，社稷次之，君为轻。（《孟子·尽心（下）》）

老子说：道生一，一生二，二生三，三生万物。（《老子·四十二章》）

墨子说：必使饥者得食，寒者得衣，劳者得息，乱者得治。（《墨子·非命》）

……这就是中国的智慧。

中国的智慧，当然也渗透于老百姓的日常生活中。

民以食为天，邦以民为本。

留得青山在，不怕没柴烧。

三十年河东，三十年河西。

人怕出名猪怕壮。

世事洞明皆学问，人情练达即文章。

……这就是中国的智慧。

中国的智慧，从一开始就有一个特点，那就是始终不离开人生问题，始终紧扣着人生日用，始终散发着人间烟火气，特别是始终关注着大众的生存状况。古话讲："道在人伦日用"，"百姓日用即道"，宇宙间最伟大的道理就在老百姓的日常生活中，说的都是这个意思。

中国的智慧，体现于中国人的生存奋斗、文明创造和理想追求，体现于中国人的人生观、价值观和宇宙观，体现于中国人的道德境界、审美境界和知识境界。

　　古往今来，中国的智慧，指引着中国人的生活，丰富着中国人的生活，提高着中国人的生活。

　　中国的智慧，犹如春回大地的蒙蒙细雨，滋润着我们的心田；犹如山间空翠的汩汩甘泉，洗涤着我们的灵魂；犹如茫茫夜空的点点星光，照亮了我们的前程。让我们沉浸于说不尽、道不完的中国智慧中，做一次智慧的巡礼如何？那要从很久很久以前说起……

赵士林

中國的智慧

儒家的智慧

如同孔子是中华传统文化的首席代表，儒家的智慧也是中国智慧的最有影响的形态，因此我们首先从儒家的智慧谈起。那么，什么是儒家的智慧？儒家的智慧，首先是叩问心灵的智慧。

诚信为人

叩问心灵——拍拍良心

为什么要叩问心灵？

因为一切的智慧，都发自人的心灵。

古话讲："哀莫大于心死。"这是千真万确的。什么叫做"心死"？看看下面这个年轻人：

一个年轻人孤零零、懒洋洋地躺在路边晒太阳，他衣衫褴褛，无精打采，一副万念俱灰的样子。一位智者经过这里，好奇地问："年轻人，大白天地不去做事，懒洋洋地躺在这里，岂不辜负了大好时光。"

年轻人回答说：

"在这个世界上，我除了自己的躯体一无所有，何必劳心费力地做什么事呢？每天晒晒太阳，混混日子得了。"

"你没有家吗?"

"没有。有家就有负担,不如干脆没有。"

"你没有所爱吗?"

"没有。爱过之后就是恨,不如干脆不爱。"

"你没有朋友吗?"

"没有。朋友得到还会失去,不如干脆不交。"

"你不想去赚钱吗?"

"不想。赚了钱也要花掉,何必劳心费力!"

"噢!"智者若有所思,说道:"看来我得赶快帮你找根绳子。"

"找绳子? 干吗?"年轻人问。

"帮你上吊!"

"什么? 上吊? 你叫我自杀?"

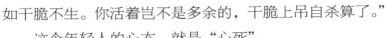

"对。人有生就有死，按照你的逻辑，与其生了还会死去，不如干脆不生。你活着岂不是多余的，干脆上吊自杀算了。"

这个年轻人的心态，就是"心死"。

法国大作家罗曼·罗兰说："要有光，太阳的光是不够的，必须有心中的光。"

心死——

就是失去了心中的光。

心死——

就是失去了生命的激情和对生活的向往。

罗曼·罗兰

心灵的眷注消逝之日，便是人类的希望破灭之时。因此，尽管古今中外的哲人们已经不知道给人下了多少个定义，我们还是有足够的理由再增添一个：人是能够以心灵来观照心灵、以心灵来开悟心灵、以心灵来珍爱心灵的动物。

我们都知道法国大文豪雨果的话："世界上最广阔的是海洋，

比海洋更广阔的是天空，比天空还要广阔的是人的心灵。"

然而，最广阔的，是人的心灵；最狭隘的，也是人的心灵；最美好的，是人的心灵；最丑恶的，也是人的心灵；最纯洁的，是人的心灵；最肮脏的，也是人的心灵。人的心灵，欢乐与苦难相伴，升华与堕落交织；在人的心灵中，天使与魔鬼同行，他们每时每刻都在较量着。

雨果

古希腊悲剧《安提戈涅》中有位长老赞叹道："奇异的事物虽然多，却没有一件比人更奇异。"他感到最最奇异的，正是人的心灵。古希腊神庙上刻着一句话："认识你自己。"这是一句以神的名义流传，为人类永恒共有的名言。我们完全可以为它换一个说法，就是：认识你的心灵。

中国人自然首先要认识，首先要关注中国人的心灵。那么，中国人曾经怎样关注自己的心灵？当这样的问题叩击心扉时，我们的视线，就不能不首先投向那古老而执著的儒家智慧。

除了佛学之外，世界上大概没有哪一种智慧能够像中国的儒家这样关注人的心灵，乃至宋代和明代的一个十分重要的儒家学派，干脆就被叫做心学。但儒家所关注的心灵，既不是佛家所推崇的脱尽人间烟火气的"禅心"，也不是医学解剖学研究的那个心脏，更不是巫魔般的心灵幻术。儒家所关注的心灵，其实就是我们常说的"良心"、"好心"和"道德心"。

还应交代的是，儒家对心灵的关注，并不像有些心理学说或伦理学说那样，只是把心灵当作一种纯粹的客观的科学研究对象，而是把心灵看成一种应该悉心培育的道德主体、勇于实践的道德意志。儒家的关注心灵，与其说是了解"心"是什么，不如说是主张"心"应怎样；与其说是要人"识心"，不如说是要人"修心"。一句话，儒家之所以要叩问人的心灵，就是希望人人都讲良心，人人都有好心肠。叩问心灵，就是老百姓常说的拍拍良心。

或许有人发笑了！希望人人都讲良心，人人都有好心肠，这不是做人最浅显的道理、最起码的要求吗？哪一个人敢公开地主张不讲良心、不要有好心肠，他就是一个十恶不赦的强盗，别人骂他是强盗，他也不高兴呢！这也能算作一种智慧吗？

　　然而只要稍加思索，我们就会严肃起来：回顾人类历史，放眼当今世界，那恒河沙数、天下滔滔的罪恶、阴谋、欺诈、掠夺、贪欲、残暴、专制、不平，不都是由于人世间有太多太多的黑心、野心、贪心、私心，不都是由于不讲良心吗？如果讲一点良心，能够在 21 世纪的现代社会出现山西黑砖窑、湖北黑心棉的奴隶劳动吗？如果不是由于心太黑，心太贪，能够出现郑筱萸这样的根本不管老百姓死活的药监局长吗？美学家朱光潜先生告诉我们，社会闹得太糟、乌烟瘴气的时候，绝不完全是制度的问题，而大半是由于人心太坏。佛家讲，心净国土净。人民的心灵干净，国家就干净了，真的很有道理。因此，儒家的智慧号召大家都讲良心，实在是有感而发，实在是由于对社会的弊病和人性的阴暗面有着深切的体会。

总之，为了社会美好，我们要时时叩问自己的心灵；为了人生幸福，我们尤其需要时时叩问自己的心灵。一切，都从心灵开始。

　　最近我们都在学习那位著名的测绘学家、中国工程院院士刘林长先生。刘先生谈人生体会，有一个看法给我留下了深刻印象。他说人生有高级需要，也有低级需要，我由此想到美国著名心理学家马斯洛的层级需要说。马斯洛认为人的需要从低到高分为五个层次，从最低的生理需要到安全需要、归属和爱的需要、尊重的需要，到最高的自我实现的需要。他的这个理论很有影响，很有价值，很有意义。在这里，我还愿意向诸位推荐马斯洛发人深省的几句话：

　　心若改变，你的态度跟着改变；

　　态度改变，你的习惯跟着改变；

　　习惯改变，你的性格跟着改变；

　　性格改变，你的人生跟着改变。

　　那么，儒家所关注的心灵，也就是儒家所提倡的良心、好心、

道德心，究竟有什么具体含义？

我的体会是，它首先是一种为孔子所拥有、所开拓的爱满天下的"仁者襟怀"。

仁者襟怀——爱满天下

谈儒家的智慧，自然要从孔子谈起。孔子可以说是中国文化最权威的代表与最伟大的象征。元代皇帝元顺帝给了孔子最高的政治地位，加封孔子为大成至圣文宣王，这位蒙古族皇帝在圣旨中说了一句很有分量的话：

盖闻先孔子而圣者，非孔子无以明；后孔子而圣者，非孔子无以法。

周公

意思是说，孔子以前的圣人，如果没有孔子，他们的真精神就流传不下来；孔子以后的圣人，如果没有孔子就找不到可以效法的榜样。

因此有人说："孔子以前的中国文化，都收在孔子手中；孔子以后的中国文化，都是从孔子手中放出来的。"

数千年来，孔子作为不朽的文化人被传诵，被崇拜，地位基本上未发生根本性的动摇。即便在"文化大革命"中的"批林批孔"，嘲弄孔子为"孔老二"的时候，也还不能不承认孔子是个大教育家。那么，孔子的魅力何在？孔子为什么拥有这种独一无二的地位和影响？我认为，孔子最伟大的地方，就在于它为中国人的为人处世提供了最高的榜样，确立了基本的原则，以一种"仁者襟怀"拥抱世人，从而培育了中国人积极的伦理生命。

那么，什么是"仁"？

"仁"字在《论语》中出现了一百零九次，孔子每次对"仁"的解释都不一样，更准确地说，孔子每次都是针对不同的情况来解释"仁"。但不管在什么情况下，孔子对"仁"的解释都紧紧地围绕着人们的日常生活和普通情感，它的核心就是"爱"。例如，"樊迟问仁。子曰：爱人。"（《论语·颜渊》）

颜渊

孔子的学生樊迟问孔子什么是"仁"，孔子回答说，"仁"就是"爱人"。看来十分朴素的回答却蕴涵着深刻伟大的意义，那么，"仁"到底有哪些意义？最能理解孔子的孟子对仁的意义讲得最清楚，他说："亲亲而仁民，仁民而爱物。"（《孟子·尽心（上）》）这句话透露了"仁"的三层重要意义，那就是"亲亲"，对亲人的爱；"仁民"，对大众的爱；"爱物"，对万物的爱。

谈到仁，我们最应关注的意义主要就是这三层。先来看第一层意义——对亲人的爱。

对亲人的爱

孔子的仁者襟怀，追求着一种爱满天下的境界，但却发端于我们身边最普通的血缘亲情、伦理之爱。

《论语》第一篇就说：

孝悌也者，其为仁之本欤。（《论语·学而》）

"孝"是对父母的敬爱之情，"悌"是对兄长的敬爱之情。把父母与子女乃至兄弟姐妹之间的血缘亲情、伦理之爱视为"仁"的根本，这就把仁的道德要求植根于人们日常的心理情感之中。

例如，有一次，孔子的学生宰予对父母逝世子女守孝三年的习俗提出质疑，孔子就批评宰予"不仁"，并提出理由说："子生三年，然后免于父母之怀，夫三年之丧，天下之通丧也。予也有三年之爱于其父母乎。"（《论语·阳货》）——用今天的话说，就是："小孩子三岁了，才离开父母的怀抱。因此，父母去世，为他们守丧三年是天下人都尊奉的规矩。宰予难道不是直到三岁时，还被父母搂在怀里疼爱吗？"

　　守孝长达三年的做法肯定会严重地影响正常的生产和生活，肯定会造成严重的社会问题，因此在当时就遭到质疑。先秦时另外一位非常重要的思想家墨子就坚决反对这种做法。在今天这当然已经是一个不存在的问题。但通过孔子的批评我们可以发现，他判断"仁"或者"不仁"的根据全在于是否符合血缘亲情、伦理之爱。不孝敬父母就是不仁，这就把最高的道德伦理准则化成了实实在在的、可触可感的亲情，化成了感恩之情。从感谢父母之恩从而孝敬父母的角度理解"仁"，"仁"就成了既普通又神圣的人类的善根。这种人类的善根获得了普遍的认同。例如，基督教主张人人在上帝面前都是兄弟，每个人都是上帝的孩子，但他也明确主张在家里要孝敬父母，要做父母的好孩子。就连主张"四大皆空"的佛家从印度来到中国后，也接受了儒家的"孝"。例如，一个寻找佛的故事说道：有位年轻人离开自己的家到深山里去找佛，找了很久也找不到。一天，他在路上碰到一位老和尚，

就问老和尚："佛在哪里?"老和尚答道:"不要在深山里找佛了,

赶快回家去吧!在回家的路上,你会碰到一位披着衣服,趿拉着鞋迎接你的人,那就是佛啊!"年轻人半信半疑地往家赶。一直走到家门口了,也没有碰到这样的人。他很懊恼地敲响了自家家门,这时已经半夜了。睡下的老母听见是儿子回来了,哪里顾得上穿衣穿鞋?披上衣服趿拉着鞋就连忙去给儿子开门。门开了,儿子看见老母这个样子,恍然大悟,眼泪哗地流了下来。

佛在这里,
就是伟大无私的母爱呀!
母爱的无私伟大,遍及一切生灵。

我们都知道那个催人泪下的鳝鱼的故事吧!

一条鳝鱼被放到锅里用文火慢慢煮,据说这样煮熟的鱼肉味道鲜美。等到煮熟了揭开锅时,主人发现鳝鱼的形状十分奇怪,它的身体向上弓起,尾巴和头浸在煮沸的汤中,腹部却露出沸汤之外。主人好奇地剖开了鳝鱼的腹部,发现它的腹内全是鱼卵。

原来鳝鱼为了保护自己的孩子，忍受着长时间的痛苦，直到死去都保持着那种姿态。这不过是一条鳝鱼，然而它的爱子之情难道不是很崇高吗？难道不足以惊天地，泣鬼神吗！

母爱的无私伟大，更遍及整个人类。

在日本的古代，乡下人由于生活十分贫困，有抛弃老人的习俗。一天，一个人背着他的老母上山，准备将老母抛到深山里。一路上，老母在儿子的背上不时地折些树枝扔在地上。儿子奇怪地问老母这是干什么，老母回答说："我怕你回来时迷路，折些树枝扔在地上做记号。"儿子听了顿时热泪盈眶，又一声不响地将老母背了回去。

可怜天下父母心。在任何时候、任何情况下，父母的爱都是最可靠的。在任何时候、任何情况下，我们都没有理由背弃对父母的孝。

古话说：百善孝为先。

体现为"孝"的"仁"，是一种感恩的爱。儒家的智慧之所以将"孝"确立为"仁"的根本，就是因为世间最纯洁、最无私、最真诚、最令人感动的爱，就是父母对孩子的爱，世间最应该感恩回报的，也是这种爱。对父母之爱的爱，就是孝，这实在是人

类道德情感的本原，人类的善根所在。

把"仁"放在这个善根上，就为"仁"奠定了最坚实的道德基础。

当然，由于经济的、政治的、文化的多种原因，也有一些父母违反伦理亲情的言论和现象。如先秦法家大思想家韩非子就说过：

> 父母之于子也，产男则相贺，产女则杀之。此俱出于父母之怀袵，然男子受贺，女子杀之者，虑其后便、计之长利也。故父母之于子也，犹用计算之心以相待也，……（《韩非子·六反》）。

翻译成今天的话就是，谈到父母和子女的关系，生了男孩就奔走相贺，生了女孩竟然杀掉她。男孩女孩都是父母的亲骨肉，为什么那样喜欢男孩，却那样狠心地对待女孩呢？原因就在于考虑到以后长久的经济利益。看来父母和子女之间，也有一种利害计较的算账关系。这是典型的重男轻女，它形成于中国古代农业

社会，就是到了今天也没有完全绝迹。我们不是还经常地听到、看到有关溺死女婴的报道吗？俗话说，有狠心儿女，没有狠心爹娘，看来不完全是这么回事。那些杀害自己亲生儿女的爹娘该是

多么狠毒啊！然而，这样一种基于利害考虑的选择显然不是出自伦理亲情的本性，相反，它完全违背了伦理亲情和人类的善根，是对人性的亵渎，是对父母之爱的伤害。

否认父母与子女的伦理亲情，还有一个著名的例子，就是相传孔子的二十代孙孔融说过的话：

父之与子当有何亲？论其本意，实为情欲发耳。子之与母亦复奚为？譬如寄物瓶中，出则离矣。（《后汉书·孔融传》）

意思是说，父亲对于儿子有什么亲，按父亲本来的意思，不过是发泄自己的性欲。儿子对于母亲又有什么关系？就好像一个物件寄放在瓶子里，那个物件出来后，就和瓶子没有关系了。

这段话据说是孔融和另外一个著名的狂士祢衡交谈时所说（祢衡就是那位击鼓骂曹的勇士），但究竟是不是孔融所说，其实非常可疑。因为曹操要为杀害孔融寻找借口，就命令他的一个部下叫路粹的编造罪名，这段话就是路粹在陷害孔融时编造的罪名之一。说起孔融，大家都知道他四岁让梨的故事，就是《三字经》上说的"融四岁，能让梨"。

孔融小的时候就表现出非凡的才华和修养。有位叫陈韪的很不服气，讽刺孔融说："夫人小而聪了，大未必奇。"意思是说，小时候特别聪明的人，长大了未必有大出息。孔融立刻反唇相讥："观君所言，将不早慧乎？""听您这样说，看来您小的时候一定很聪明吧？"孔融确实不光是小时候聪明有教养，长大了也非常了得。学识渊博，坚持原则，临危不惧，嫉恶如仇，非常有气节。《后汉书》对孔融评价非常高："闻人之善，若出诸己，言有可采，必演而成之，面告其短，而退称所长，荐达贤士，多所奖进，知而未言，以为己过，故海内英俊皆信服之。"由于曹操篡汉之心昭然若揭，孔融和曹操过不去，有机会就讽刺曹操。所谓"发词偏宕，多至乖忤"，就是专门用不符合正理的话冷嘲热讽，嬉笑怒骂，奚落曹操。曹操攻下袁氏镇守的邺城，将袁绍的儿子袁熙的妻子甄氏送给自己的儿子。孔融煞有介事地对曹操说："当年周武王伐纣成功后，将妲己赐给了周公。"其实妲己是被武王斩首，将头颅悬挂于小白旗示众。曹操开始还没听出来孔融是在讽刺他，就问这段故事出处在哪里，哪本书上记载了这件事。孔融回答说："以今度之，像当然耳。"从您今天的行为来看，我想当年武王一定也是这样做的。曹操要禁酒，孔融也讽刺他："尧不千钟，无以建太平。孔非百觚，无以堪上圣。"（《后汉书·孔融传》）从这种情形看，孔融又有可能说了上面的话，他发表这种极端的意见显然又是曲折地发泄对曹操的不满。我们在这里且不用过多地追究这段话究竟是否孔融所说。就这段话本身来说，它对父母与儿女的关系那样评价，实在是极端的动物化，本能化，生理化，低级化，完全无视父母与孩子之间的骨肉亲情和伦理之爱。它在特定时代、特定情境下可能有某种反礼教的意义，但它的逆情背理显然是十分荒唐、十分有害的。

曹操

必须指出的是，汉代以后的统治者，纯粹从政治功利出发强调儒家"孝"的道德要求，他们提倡对父母尽"孝"的目的完全是为了对皇帝尽"忠"，所谓"忠臣出于孝子之门"。这个意思早在《吕氏春秋》中就已经明确流露出来，即所谓"人臣孝，则事君忠"。汉代的皇帝号称以"孝"治国，皇帝的谥号除了汉高祖刘邦外，都冠上一个"孝"字，如汉武帝的谥号是汉孝武皇帝，目的都是在维护皇权统治。

这种思想在孔子那里好像能找到一点根据，那就是孔子说过的：

其为人也孝悌，而好犯上者，鲜矣；不好犯上，而好作乱者，

未之有也。(《论语·学而》)

　　翻译成现在的话就是：他的为人，孝顺爹娘，敬爱兄长，却喜欢触犯上级，这种人是很少的；不喜欢触犯上级，却喜欢造反，这种人从来没有过。这段话是在肯定孝悌对于维护政治稳定的价值，但孔子并不绝对地理解孝与忠的关系。他在谈到孝和忠的时候是有条件的，那就是"君使臣以礼"，才能"臣事君以忠"(《论语·八佾》)。

　　他所讲的"君君臣臣父父子子"，也是互相尽义务的关系，就像汉儒所解释的那样：

　　父不父则子不子，君不君则臣不臣。(《汉书·六十三卷》)

　　听这口气好像对父和君的要求还更重一些。到了孟子，就坚决反对将"孝"和"忠"扯到一起。孟子尽管是孔子的铁杆粉丝，甚至可以说是钢丝，因为他说过：

　　自有生民以来，未有如孔子者也。

　　有人类以来，就没有像孔子这样伟大的人。但孟子在很多方面，特别是他的政治观点比孔子要激进，要民主。他高度评价舜的孝行，甚至主张为了尽孝可以违反法律。有人问他如果舜的父亲杀了人，舜该怎么办？他说舜一定放弃自己的王位，背着自己的父亲逃到海边去，逃避法律的制裁，隐居下来享受天伦之乐。但对君臣关系，孟子则坚决主张建立一种互相尽义务的关系。君对臣好，臣就对君好；君对臣不好，臣也就可以不买君的账。这就是孟子那段著名的议论：

　　君之视臣如手足，则臣视君如腹心；君之视臣如犬马，则臣视君如国人；君之视臣如土芥，则臣视君如寇仇。(《孟子·离娄(下)》)

朱元璋

　　翻译成今天的话就是：君主把臣下看待为自己的手脚，那么臣下就会把君主看待为自己的腹心；君主把臣下看待为狗马，那么臣下就会把君主看待为一般人；君主把臣下看待为泥土草芥，那么臣下就会把君主看待为仇敌。这段话后来惹得专制帝王朱元璋大发雷霆，要将孟子从孔庙中撤出去，并说谁反对就杀掉谁。但有个叫钱塘的大臣偏偏不怕死，坚决反对朱元璋的决定，并说为孟子死，虽死犹荣。由于大臣冒死反对，朱元璋未能如愿，但他最后还是让大臣重新编了一本《孟子节文》，也就是《孟子》的删节本，把这样的话统统删掉。总之，在中国政治思想史上，孟子第一个从根本上颠覆了帝王专制时代忠君不贰的政治要求，"君要臣死，臣不敢不死"，"君王圣明，臣罪当诛"的奴才政治逻辑在孟子这里是根本行不通的。

　　三国时期有位叫邴原的名士更勇敢地捍卫"孝高于忠"的原则，坚决地回应了统治者就这个问题提出的挑战。事情是这样的：

曹操的儿子曹丕（魏的第一位皇帝，即魏文帝）向属下宾客们提出了一个极端尖锐的问题：

君父各有笃疾，有药一丸，可救一人，当救君耶？父耶？（《后汉书·邴原传》）

君王和父亲都生了重病，但只有一丸药，只能救一个人。那么，是救君王呢？还是救父亲？

这个问题问的很巧妙，很刁钻，很老辣，很阴险，很敏感，令宾客们很难回答。这其实就是一个孝的原则与忠的原则哪一个是更高原则的问题，是一个孝的原则与忠的原则相互冲突的问题。从内心自然的真实感情来说，人们肯定更愿意尽孝，更愿意用这丸药救自己的父亲，但是谁也不敢讲真话，因为那样会违背忠的原则，从而得罪君王。这时，只有邴原站了出来，干脆果决、坚定有力地回答："父也。"当然是救我的父亲！

我们从邴原的回答中能够感受到一种道德的无畏，感受到一种孝的巨大力量，获得一种亲情的最高满足。

专制时代，统治者通过倡导对父母的孝来保证对帝王的忠，并且进而用对帝王的忠来压倒对父母的孝，对于专制帝王来说，孝不过是手段，忠才是目的。曹丕那样提出问题，用意就在检验臣下对帝王是否绝对地忠。

郗原的回答捍卫了"孝"的尊严，捍卫了孝对于忠的至上性，颠覆了帝王家的霸道逻辑，粉碎了专制统治者的政治意图。

实际上，忠的对象不能仅仅是君王，忠还具有更为宽广的含义。如果"忠"的对象是国家民族时，忠孝不能两全，舍孝而取忠，舍小家而顾大家，就往往具有道德的崇高性与震撼性。《岳母刺字》、《杨家将》等故事之所以能够千古流传，就在于这些爱国者能够以忠代孝，甚至毁家纾难，"先天下之忧而忧，后天下之乐而乐"，体现了可歌可泣的献身精神。

当然，绝对的孝也曾经带来严重的问题。当孝成为对个性的压抑，对个人情感的蹂躏，对个人权利的剥夺时，就往往会酿成悲剧。从《孔雀东南飞》、《梁山伯与祝英台》到巴金的《家》、曹禺的《雷雨》，都是对"孝"成为束缚人的礼教的深刻揭露，都是对礼教扼杀年轻一代幸福追求的强烈控诉。

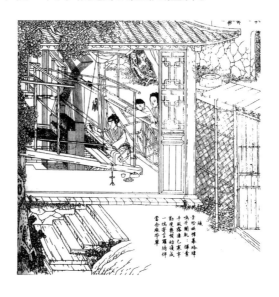

站在今天的高度，纠正专制政治的扭曲，冲破封建礼教的束缚，跨过历史时代的局限，我们再一次体会仁者襟怀，重温对亲人的爱，心中涌起对父母的感恩之情，我们就能理解儒家提倡孝的良苦用心，就能认识孝作为人类的善根具有永恒的、本原的道德意义。我们不能说，孝能解决一切人类问题，但我们可以说，孝是解决一切人类问题的开始；我们不能说，有了孝心，就完成了做人的使命，但我们可以说，没有孝心，就肯定还不具备做人的起码资格。

因此我坚决主张，对于那些在道德上有某种示范要求的职业，特别是拥有国家权力的职业和为人师表的职业，例如公务员和教师等，遴选的必要条件之一，就是必须孝敬父母。在这样一类职业的从业者中如果发现不孝者，就应该立即开除。

以孝为核心，从对亲人的爱推广开来，就进入仁者襟怀的第二个层面：对大众的爱。

对大众的爱

"仁"从对父母的"孝"开始，又推演扩充为对所有人的爱，这就是儒家经常强调的"推己及人"，也就是老百姓常说的将心比心。后来孟子具体地阐释了这种推己及人的伦理根据，那就是"老吾老以及人之老，幼吾幼以及人之幼。"（《孟子·梁惠王（上）》）

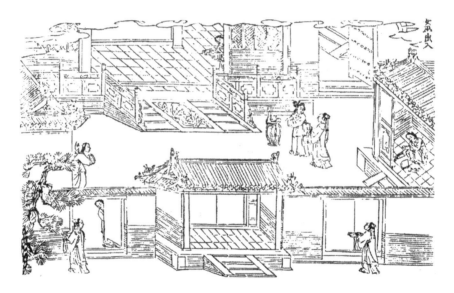

从尊重自己的老人推广到尊重别人的老人，从疼爱自己的孩子推广到疼爱别人的孩子。孔子说：

泛爱众而亲仁。（《论语·学而》）

孔子十分明确地将对大众的爱和亲近"仁"并列为基本的道德要求。

为了实现对大众的爱，孔子提出了两条原则：一条是"己所不欲，勿施于人。"（《论语·颜渊》）自己不喜欢的，也不要强加给别人。另一条是"己欲立而立人，己欲达而达人。"（《论语·雍也》）自己要站得住脚，也要让别人站得住脚；自己要发展，也要让别人发展。

第一条是否定地说，第二条是肯定地说。两条原则实际上是从相反的方向指示着同一个"仁"的道理：

> 将心比心，推己及人，博爱大众，共同发展，大家都赢。

这两条原则初看起来好像很平常，但认真想一想，要真正地落实却何其艰难？人和人的一切冲突，归根结底都是因为违背了这两条原则；人和人的和谐相处，归根结底都是因为遵循着这两条原则。

非洲曾经有某个国家的白人政府实施"种族隔离"政策，白人不与黑人来往，认为他们是低贱的种族。

一天，有位白人姑娘在海边沙滩上晒日光浴，由于过度疲劳，她睡着了。当她醒来时，已经是傍晚了。

她觉得肚子饿了，便走进附近的一家餐馆。

但是，她在餐馆的椅子上坐了好长时间，竟然一直没有侍者前来招待她。她看到那些侍者都忙着侍候比她来得还晚的顾客，对她则不屑一顾，顿时怒火满腔，想走过去责问那些侍者。

她站起身来，眼前凑巧有一面大镜子。她看着镜中的自己，立刻明白了侍者为什么不愿意招待自己的原因，眼泪不由夺眶而出。

原来，她已经被太阳晒黑了。

她体会到了黑人被白人歧视的滋味，也懂得了"己所不欲，勿施于人"的道理。

有这样一个佛教的故事，更有助于我们了解"己欲立而立人，己欲达而达人"的道理。

一个作恶多端的强盗死后下了地狱，地狱的上面就是极乐世界。一天，佛祖在极乐世界低头看着地狱，发现了这个强盗。这个强盗生前路过某地，看到一只蜘蛛在地上爬，他本想踩死它，但转念一想，大小也是个生灵，放它去吧！脚便没有落下。佛祖念这强盗曾经放过一只蜘蛛的命，便发了慈悲，想要救他出地狱，于是在他头上放下一条施了法力的蛛丝。强盗连忙攀着蛛丝往上爬，眼瞅着就要爬出地狱，快进极乐世界了，他突然发现下面有很多人跟着他往上爬。这强盗一看就着了急，心想你们都跟着我往上爬，这么细的蛛丝哪能经得住这么多人，如果蛛丝断了我岂不要和你们一起掉下去，于是就拼命地往下踹跟着他往上爬的人。就在他往下踹人的刹那间，蛛丝从他头上断掉了，强盗又跌回地狱中。

仔细想想，如果人们真的都能按照孔子提出的两条原则做人做事，人间天堂就建成了，世界大同就来到了。因此这两条看似平常的原则实际上却具有无比神圣的意义，它们崇高深厚的道德内涵、社会价值与任何宗教的金律相比，都毫不逊色。因此，在一次世界性的讨论宗教伦理的大会上，全世界不同信仰的宗教界人士和学术界人士都一致同意，将儒家的"己所不欲，勿施于人"的伦理信条和基督教的"己所欲，施与人"的宗教戒律并列为人类生活应该遵循的普遍法则。孔子提出的两条原则确实是具有永恒价值和普遍意义的人类的金律。

　　从这两条金律所体现的对大众的爱出发，孔子认为实现"仁"的最重要的标准是大众的幸福。

像仲敬管

《论语》中记载着一个著名的例子。春秋时齐国有位大政治家叫管仲，管仲原来的主人公子纠在政治斗争中失败被齐桓公害死了，管仲非但没有按照义的要求为主人殉难，反而为杀害自己主人的仇人服务，做了齐桓公的宰相，于是孔子的学生在谈起管仲时都认为他不"仁"。孔子却和自己学生的意见不一样。尽管他也曾谴责过管仲有许多违反礼的地方，但他还是明确地认为管仲符合"仁"的要求。为什么呢？

就是因为管仲的政绩，使齐国的老百姓得到了安宁和幸福。他说：

> 管仲相桓公，霸诸侯，一匡天下，民到于今受其赐。
>
> 桓公九合诸侯，不以兵车，管仲之力也。如其仁，如其仁。
>
> （《论语·宪问》）

用今天的话说，就是管仲辅佐桓公，称霸诸侯，统一和匡正了天下，老百姓直到今天还因此得到好处。齐桓公多次统一诸侯，却不是凭借战争，都是由于管仲的力量。这就是仁哪！这就是仁哪！

孔子树立的"仁"的标准本来非常严格，他绝不轻易地肯定哪个人达到了"仁"的标准，对自己最得意的学生颜回，他也不过是评价他"其心三月不违仁"（《论语·雍也》），就是说，颜回也只能够在一段时间内遵循仁的标准做事。但是他却那样毫不含糊地称赞管仲够得上仁，特别是这个管仲还有违反礼的严重问题。这说明了什么呢？

这说明了，孔子认为为大众造福，是最高的政治道德，这种政治道德甚至超越了仁的标准。例如，他的学生子贡问他：

如有博施于民而能济众，何如？可谓仁乎？（《论语·雍也》）

意思是说，假若有这样一个人，广泛地给人民以好处，帮助大家都能过上好日子，怎么样？可以说是仁吗？孔子回答说："何事于仁！必也圣乎！尧舜其尤病诸！"（《论语·雍也》）意思是说，这哪里仅仅是仁！应该说是圣了！尧舜都难以做到呢！

对大众的爱，直接地培育了对人的尊重。在中国古代社会，正是儒家的智慧高高地举起人的尊严的旗帜。在任何情况下都维护人的尊严，成为中国智慧的优良传统。中国古人把天地人列为"三材"，意味着人的地位可以和天地并立，同样伟大，同样崇高。"天地之性人为贵"，是中国传统文化最响亮的口号。不仅儒家维护人的尊严，道家例如老子也十分重视人的尊严，因此他说："道大，天大，地大，人亦大，域中有四大，而人居其一焉。"从维护人的尊严出发，孔子痛斥：

始作俑者，其无后乎？（《孟子·梁惠王（上）》）

最初发明人俑来陪葬的人，应该断子绝孙吧？俑就是人形的陶俑或木俑，古代用来陪葬，孔子对这种做法深恶痛绝，于是骂出最狠毒的话。古代社会把没有后代看成是最严重的事，孟子说：

不孝有三，无后为大。（《孟子·离娄（上）》）

"断子绝孙"是最狠毒的、最令人不能容忍的咒骂了。孔子很

少这样骂人，他之所以对用人俑陪葬的现象深恶痛绝，而一反常态地痛骂，就是因为这种做法侵害了人的尊严。

耻事二姓克全三纲
高志远识播之词章

陶渊明

东晋大诗人陶渊明的儿子身体不好，陶渊明为儿子雇了一位仆人。在将这位仆人送给自己的儿子时，陶渊明专门附上了一封信，信中叮嘱自己的儿子："此亦人子也，当善遇之。"意思是说，尽管这个人只是个仆人，但他也是人生父母养，你必须好好地对待他。

道州那个地方由于水土的关系，——今天从医学科学的角度看，大概是由于环境污染或近亲结婚等原因，很多人生下来就病态的矮小，成了我们所说的侏儒。唐代宫廷为了取笑逗乐，经常要求道州地方官向朝廷进贡侏儒。有一年，一位叫阳城的人出任道州刺史，却勇敢地抵制朝廷的指示，反对向朝廷进贡侏儒。这就是有名的"阳城抗疏"。阳城之所以敢于对抗朝廷的旨意，目的就是要维护侏儒做人的尊严。后来大诗人白居易写诗歌咏此事，其中有两句写道："道州水土所生者，只有矮民无矮奴。"

仆人尽管社会地位低下，侏儒尽管矮小，但他们也都是人，也都具有做人的尊严。这就是上面两段故事告诉我们的道理。如果和西方古代的有关思想相比，中国的智慧对人的尊严的维护，就更显得格外宝贵。古希腊最开明的思想家之一亚里士多德肯定

亚里士多德

奴隶存在的合理性，中国的智慧强调人的尊严却包括一切人，奴隶也不例外。

西方近代大思想家康德响亮地提出人是目的，不是手段，而中国儒家的智慧却一开始就坚持这一原则。当然，我绝不是说在社会生活中，中国人做人的尊严都得到了保障。实际上，由于专制政治的压迫和经济的、社会的、文化的种种原因，普通中国人饱受着种种等级的、身份的歧视和侮辱。

康德

举一个典型的例子，由于中国传统社会奉行重视农业、打击商业的政策，商人在社会生活中受到种种歧视和侮辱，这些歧视和侮辱甚至在法律上被明确下来。例如，汉代的法律曾经要求商人穿鞋必须一只黑，一只白。明代的法律要求商人不管怎么有钱

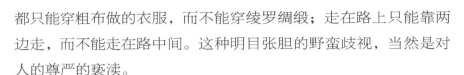

都只能穿粗布做的衣服，而不能穿绫罗绸缎；走在路上只能靠两边走，而不能走在路中间。这种明目张胆的野蛮歧视，当然是对人的尊严的亵渎。

历史就是这样，古圣先哲倡导的文化精神一落实到社会生活，就必然遭到来自政治、经济、社会各个方面出自各种利益的扭曲、阉割、大打折扣乃至形存实亡，但这些都当然不能遮掩中国的智慧强调和弘扬人的尊严、人的平等这样一种文化光芒。

为大众造福，维护人的尊严——都是对人类的爱。

从对人类的爱进一步推广，就进入仁者襟怀的第三个层面：对万物的爱。

对万物的爱

孔子的"仁者襟怀"，从"孝悌"也就是伦理亲情开始推广扩及到"泛爱众"，也就是对大众的爱，对大众幸福的关切。从对大众的爱，又推广扩及到对万物的爱。因此，"仁者襟怀"可以说涵

摄了人类一种至善至尊的品性，一种普遍永恒的追求，那就是以人为最高目的同时又普泛万物的爱。唐代大儒韩愈解释"仁"时说，"博爱之谓仁"（《原道》）；宋代大儒程颢说，"仁者以天地万物为一体"（《二程遗书》卷二），都体现了"仁者襟怀"普泛宇宙万物的爱。

以人为最高目的同时又普泛万物的爱，实际上体现了中国文化的核心理念——天人合一，也就是宇宙和人类的和谐统一。这种统一在宇宙体现为"生"，如《易经》所说：

天地之大德曰生。

生生之谓易。

在人体现为"仁"，就是所谓"仁也者，人也"（《孟子·尽心（下）》），而"生"即"仁"，所谓"生，仁也"（《周敦颐集》）。宇宙的本性和人的本性就这样通过对生命的珍爱融合成一个有机的整体。

周敦颐

儒家"仁者襟怀"对万物的爱，特别是对生命的珍爱，留下了许多动人的事迹。如宋代大儒周敦颐，自己家院子里的草都长满了，却舍不得除掉它，所谓——"绿满窗前草不除"。有人问他为什么不除，他说，"与自己意思一般"，"观天地生物气象"。就是说，春草的生长和人的生命一样，都是宇宙生生不息的气象，体现了"天地之大德曰生"（《易传·系辞（下）》）的本质，这个本质也就是"仁"，即所谓"仁，天心也"。天也有心，天的心就是仁。大儒程颢有诗云："万物静观皆自得，四时佳兴与人同。"（《秋日偶成》）说的也是这个意思。

程颢的弟弟程颐曾经当过皇帝的老师，叫做"崇政殿侍讲"。一次，程颐陪着皇帝在庭院里散步，皇帝看见春天的柳枝嫩绿鹅黄，清新可爱，正所谓"杨柳丝丝弄轻柔"，就情不自禁地伸手折下一枝玩赏，不料却被程颐厉声呵斥，责备皇帝摧残了万物的欣欣生意。程颐的态度好像有些小题大做，但由此可以看出理学家们的认真。二程的得意门生谢良佐用"桃仁"、"杏仁"来解释

"仁"，正是以果核的生长的含义来比喻仁。这些拥有仁者襟怀的理学家们可谓最早的环境保护主义者。

儒家对宇宙万物的爱，是对生命的爱，对生生不息的宇宙的爱。这样一种爱凝结于天人合一的理念，培育了人和自然和谐相处的文化价值取向。这种文化价值取向，对于我们这个地球不断升温，臭氧层空洞不断扩大，江河不断干涸，森林日益消失，环境污染、生态危机日益严重，非典、禽流感泛滥成灾的当今世界，尤其具有严峻的现实意义和崇高的文化价值。世界的问题已经十分严重，我们已经必须提出这样一个考问：要么就是一个世界，要么就是没有世界。

仁者襟怀的三个层面启示我们：爱是最伟大的信念。

看看下面的寓言能够告诉我们什么。

早晨，一位妇人一开门就看到三位陌生的老人坐在她家门前，好像很饥饿的样子。妇人便请他们进屋吃东西。

"我们不能一同进屋。"老人说。

"为什么？"

一位老人指着同伴说："他叫财富，他叫成功，我叫爱。请您去和家人商量商量，看看你们需要哪一个。"

妇人进屋和家人商量后决定把爱请进屋。不料，爱向屋里走去时，另外两位也跟在后面。

妇人很惊讶，问财富和成功："你们两位怎么也进来了？"

老人们回答："哪里有爱，哪里就有财富和成功。"

我们这个时代，在商业大潮的冲击下，天下熙熙，皆为利来，天下攘攘，皆为利往，物欲横流、红尘十丈，一切权威都让位于财富的权威，一切热诚都臣服于拜金的热诚，所有的人伦关系都变成了算账关系。为了一点家产，儿女告父母，父母告儿女，不惜在大众媒体上公诸于众，亲戚之间大打出手，邻里之间谋财害命，朋友多年专门杀熟，本来应该是温情脉脉的亲友关系都浸泡于冷冰冰的利害计较中，这样的人生是可怕的，这样的人生最后带来的不是财富，而是全方位的毁灭；不是成功，而是彻底的失败。

正是在这样一个时代，我们更需要汲取儒家的智慧，更需要培育仁者襟怀，更需要时刻提醒自己千万不能丧失爱。因为丧失爱，就意味着丧失了一切，拥有爱，才可能拥有一切。

正如一位西方人赫斯所说的那样："爱不管在任何地方出现，总是比利己主义更有力量。"

> 爱是生存的需要，爱更应该成为一种境界。

大海边，许多海星被早潮冲上海滩，一位在海滩散步的人不断地捡起海星扔到海里，因为他知道，中午强烈的阳光会晒死留在海滩上的海星。他一条条地捡起海星，一条条地将它们扔回大海。另外一位散步者看见了，不解地问他："海滩上的海星成千上万，你能捡几条？对于成千上万条面临死亡的海星，你捡的这几条简直微不足道，你救不救这几条又有多大区别？"捡海星者没有立刻回答这位先生的质疑，只见他又捡起一条海星，然后对质疑者说："对这条海星来说，捡不捡有很大区别。"

爱并不需要惊天动地，身边的每时每刻，每件微不足道的小事，都可以播撒你的爱。我们应切记那句古训：

勿以善小而不为，勿以恶小而为之。

你捐出的几百元钱，就可能改变一个上不起学的穷孩子的人生道路；你献出的几百毫升血，就可能重新点燃一个人的生命；你贡献一件衣服，一套被褥，一双鞋，还有几本书，温暖的都不仅仅是几个躯体，满足的都不仅仅是几许求知的热情，而是照亮了一颗颗心灵。每一点爱，每一点善良的念头，都在给世界积累巨大的希望，都可靠地通往仁者襟怀。

孔子通过"仁"揭示了爱的丰富内涵、伟大力量和崇高价值。"仁"的发现应说是中国先哲对世界人文的最伟大的贡献。人类一切智慧，只要那是珍爱人类自身、珍爱人类所赖以生存的这个世界的，都不能不包含"仁"，走向"仁"，因此"仁"这一最富于"中国特色"的范畴却是最富于世界意义的。而"仁"的意义有多重大，孔子的贡献也就有多重大。因为"仁"这一范畴虽然不是由孔子首先提出（在孔子之前的文献中，就已经出现了"仁"这个概念），但最圆满地阐释"仁"的精神、最辉煌地呈现仁者襟怀的，却不能不首推孔子。孔子因此成为中华民族传统文化的最卓越的代表。

然而儒家的智慧当然不仅是谈情说爱。

儒家的智慧还有一种伟大的历史文化价值，那就是它的政治文明的设计和理想社会的追求，也就是它的社会政治哲学。

它杰出地体现于孟子的思想中。

民主呐喊——人民至上

孟子那个时代

孟子生当中国历史上的战国时代（公元前475～公元前221）。战国时代之前还有一个春秋时代（公元前770～公元前476）。这两个时代通常被连称为春秋战国。春秋战国处于历史朝代中的东周时期，东周从公元前770年周平王东迁洛阳算起，亡于公元前256年周赧王卒，也有将东周灭亡的日期定于公元前221年秦统一中国。赧王因逃民债躲在宫殿的高台上，成语"债台高筑"出于此。

在春秋时代，东周中央政权已经逐渐失去对各个诸侯国的控制，诸侯们纷纷各自坐大，互相争霸，形成了所谓"春秋五霸"。诸侯本来只能称公称侯，但在春秋时期已经有诸侯擅自称王和中央政权叫板，最早称王的是楚国的楚庄王。总之，在春秋时代，传统秩序已经开始瓦解，礼崩乐坏，诸侯反目，天下动荡，战祸连绵。孟子对春秋时期诸侯之间争权夺利的战争有一个著名说法，叫做"春秋无义战"，认为春秋时期发生的战争都是非正义战争，因为诸侯发动这些战争都是出于兼并土地的私利、贪欲、野心，而不是为了人民的利益。这种情况到了战国更是愈演愈烈。从春秋到战国，已经从天下动荡到天下大乱。所谓春秋八百诸侯，当然这是一个夸张的说法，到了战国后期只剩下了七个强国，也就是所谓"战国七雄"：齐、楚、燕、韩、赵、魏、秦。二百年间，七雄之间合纵连横："合众弱以攻一强"为合纵，"事一强以攻众弱"为连横。合纵指东方六国联合抗秦，连横即秦国拉拢某些弱国进攻他国。还有一种说法是：南北为纵，六国地处南北，故南北联合抗秦为合纵；东西为横，秦处西，六国在东，故东方六国事秦谓之连横。你争我夺，钩心斗角，玩尽机谋，演出了十分壮观又十分血腥，十分机智又十分卑劣的历史剧。昔人曾评价《左传》为"相斫书"，"相斫"就是相互砍杀，也就是战争的意思。《左传》说："国之大事，惟祀与戎。""祀"即祭祀，是常规的国家活动，史书不予记录，剩下的就是"戎"，也就是战争了，因此《左传》充满了战争的记录。宋陆游《对酒》诗："孙、吴相斫书，了解亦何益？"梁启超更认为二十四史即最大"相斫书"："昔人谓《左传》为'相斫书'，岂惟《左传》，若二十四史，真可谓地球上空前绝后之一大相斫书也。"今日金庸的武侠动不动就灭门，也是继承了相斫书的传统。其实，专门记录战国群雄互相拼杀的《战

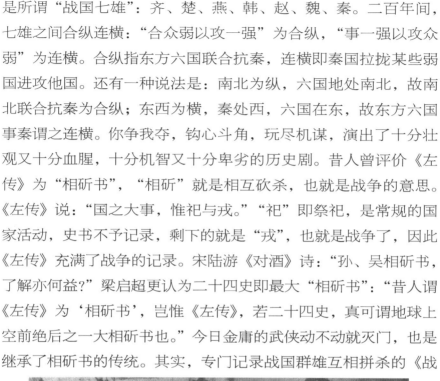

国策》，才是最最惊心动魄、令人叹为观止的"相斫书"。《战国策》三十三篇，专讲合纵连横，生动地体现了战国时期风云变幻、跌宕多姿的政治斗争与军事斗争。战国后期，秦国日益强大，东方六国都各打算盘，都想利用别国，自己从中渔利，因此所谓合纵不过是靠不住的松散联盟，结果被秦国各个击破。孟子去世后不到七十年，秦国统一了天下。

孟子正是在列国战争如火如荼、诸侯相斗你死我活的时代登上了历史舞台，那是一个不看情面，只看实力，或情面围着实力转的时代。当今时代好像也是这样。例如，在联合国里呼吁政治平等始终是天真的幻想。联合国只是在最不重要的问题上才搞大会表决，最重要的事情总是安理会常任理事国说了算，也就是谁最有实力谁说了算。中国尽管奉行邓小平"不当头，不抗旗"的英明路线，但在国际上仍可以当之无愧地代表发展中国家，古巴尽管一直和美国对着干，但它就不能代表发展中国家。

孟子出道时，由于他犀利的思想，雄辩的口才，曾经名满天下，一段时间内很风光，受到热烈欢迎，比孔子阔多了。出行有专车几十辆跟着，随行人员几百位侍候着。所到国家，国君们都要馈赠黄金，住豪华宾馆，聆听孟子的教诲。这时的孟子是著名的政治家与社会活动家，是超级知识分子，享受的是"卿大夫"的待遇，相当于今天的部长级官员。

其实就孟子的社会身份和活动方式来说，他同当时名声并不怎么好并且遭到他激烈抨击的纵横家如苏秦、张仪一样，也是所

谓"游士"，即没有固定职务的自由知识分子，他们主要通过自己

的游说，让国君们接受自己的政治主张，从而获得政治地位与经济待遇。所以后来北宋反孟的思想家，如李觏就说："孙吴之智，苏张之诈，孟子之仁义，其原不同，其所以乱天下一也。"（《常语》）"孙吴"指孙子和吴起，两人都是春秋战国时最有名的军事家，所谓"孙吴之智"指的是打仗的智慧。"苏张"就是上面说过的战国纵横家苏秦和张仪。在正统儒家看来，"孙吴之智"和"苏张之诈"都是不光彩的，不道德的。李觏将"孟子之仁义"和"孙吴之智"、"苏张之诈"相提并论，认为他们的主张和活动都是"乱天下"，这就抹煞了孟子思想的道德价值。司马光在《疑孟》中也指责孟子是"鬻先王之道以售其身"，意思是孟子出卖自己的灵魂，把古圣先王的智慧当商品兜售。这话说得就更刻薄了，但孟子成了圣人后，便没有人再说他和苏秦张仪一样，也是靠游说混饭吃了。必须指出，孟子和苏秦张仪等纵横家有根本的区别，那就是纵横家专门吃战争饭，孟子却是一位最著名的反战人士。纵横家没有特操，有奶便是娘，如苏秦到秦国鼓动秦惠王吞并天

下，惠王以秦国还不够强大为由拒绝了苏秦的建议。苏秦就转而鼓动其他六个国家联合起来打击秦国，《史记》说他"为纵约长，并相六国"，意思是当了六国联军的总司令并兼任六国总理，可说是备极尊荣，但最后还是落了个车裂而死的下场。当然苏秦非常用功学本事也传为佳话，"头悬梁，锥刺骨"中的"锥刺骨"，说的就是他。苏秦感慨"贫穷则父母不子，富贵则亲戚畏惧。人生世上，势位富贵，盖可忽乎哉！"因此为了名利可以不择手段，这体现了时代的巨变对人们人生观、价值观的深刻影响。就如同文革时期讲"大公无私"，改革时代讲"恭喜发财"一样。

孟子则坚持崇高的人生理想：

富贵不能淫，贫贱不能移，威武不能屈。

孟子在任何情况下都坚持自己的政治原则。如果违背自己的政治原则乃至政治理想，诸侯请他他都不去。孟子的价值取向和苏秦的价值取向体现了两种不同的人生观，讲实惠，还是要学苏秦；讲道德，还是要学孟子。一正一邪，究竟学谁，这是一个严峻的人生选择。

前面说过，战国群雄相互拼杀的目的当然是为了实现各自的野心和贪欲，统一天下，也就是将天下都收到自己的口袋中。但统一同样是老百姓的要求，天下大乱，战祸连绵，最遭殃的还是老百姓。孟子不是反对统一，相反，他也主张使天下"定于一"，但他的动机、方法和途径与纵横家完全不同。纵横家费尽心机，煽风点火，唯恐天下不乱，靠充满权诈机谋的小聪明迎合统治者而求得升官发财，孟子则是一心一意要推行仁政王道，也就是通过符合最高道德要求的政治诉求来消弭战祸，统一天下，拯救老百姓于水深火热之中，用他的话讲，就是"王天下"。一正一邪，是不容混淆的。也正由于这样，孟子尽管是当时最著名的反战人士之一（另一个著名的反战人士是墨子），但他并不绝对地反对战争，例如他认为汤放桀、武王伐纣的战争（商代的开国君主汤推翻夏代非常残暴荒淫的亡国之君桀、周武王讨伐商代同样非常残暴荒淫的亡国之君纣的战争），就是值得肯定的正义战争。是不是正义战争，衡量的标准只有一个：是否符合人民的利益。但是从春秋到战国的战争都不是这样的正义战争，相反，都是统治者争权夺利，兼并土地，给人民带来巨大灾难的非正义战争。孟子沉痛激烈地控诉道："争地以战，杀人盈野；争城以战，杀人盈城"。因此，孟子强烈地主张"善战者服上刑"。（《孟子·离娄（上）》）

　　但是，在那样一个靠实力和战争决定国家生死存亡的时代，提出"善战者服上刑"，自然太离谱了。考察春秋战国形势，各国有善战者自然不一定繁荣强大，但没有善战者则一定难以生存发展。最典型的例子莫如赵国。赵国作为战国七雄之一，经过赵武灵王胡服骑射的军事改革，空前强大。

　　战国后期，赵国由于有善战的廉颇，才能大破齐国和燕国，又得土地又得城池。秦赵长平之战，赵军开始由廉颇指挥，尽管秦军强大，但廉颇采用坚壁固守之策，秦军三年都劳而无功，对他一筹莫展。等到赵王中了秦国丞相范雎的反间计，撤掉廉颇，换上了只会纸上谈兵，也就是不善战的赵括，赵军就大败于秦军，四十万人全都投降，结果除了老弱病残二百四十人，剩下的全都被秦将白起活埋了。赵国的军事力量经过长平战役，差不多消耗殆尽。后来幸亏又出了个善战的李牧，屡次大败匈奴和秦军，解除了匈奴和秦国对赵国的威胁。但秦国又使用反间计，赵王偏偏爱中秦国的反间计，竟杀害了李牧。不久，赵国就被秦国灭掉了。

此外，燕国有乐毅，便能大败强敌齐国，收复失地，并攻占齐国七十多个城池，直到拿下齐国首都临淄。齐国有田单，才免遭燕国吞并，先用反间计使燕王撤了乐毅，又使用火牛阵大败燕军，收复了全部失地。楚国在很长时期内一直受三晋的欺负，用厚礼贿赂秦国，才维持了与三晋的和平局面。后来因为有了能文能武的吴起，变法强兵，国势日盛，才有能力抵御三晋，并讨伐强大的秦国，威震诸侯。没有善战的军事将领，保卫国家则无从谈起。孟子在这样一个战争时代坚决反对战争，不管他有多么充分和高尚的理由，肯定行不通，肯定不受欢迎。

更为不合时宜的是，孟子不仅提出"善战者服上刑"，还提出"辟草莱、任土地者次之"（《孟子·离娄（上）》）意思是对主张开荒拓土增强国家实力的人也要给以处罚，这就完全对抗了富国强兵的时代潮流。对孟子最不利的例子就是商鞅变法。商鞅为秦孝公"为田开阡陌封疆"制定贯彻法家的耕战政策，奠定了秦国称霸的基础，使秦国由一个地处西陲的不发达的国家逐渐成为傲视群雄的头号强国。孟子的看法当然另有深意，他的动机还是从百姓的利益出发，他是怕开垦了新的土地百姓要承担更沉重的赋税。

但不管怎样，他的许多主张特别是反战立场确实远离战国实际。他的"仁者无敌"的著名见解尽管无比崇高，甚至今天被挂在联合国大厦的墙壁上，但在波诡云谲、充满欺诈、刀兵相见、你死我活的战国时代，往往并不像他说的那样有效可靠。因此，司马迁在《史记》中说孟子"见以为迂远而阔于事情"，就是说他的见解迂腐高远得不切实际。从特定的角度看，这个评价确实没有冤枉孟子。

　　孟子的政治理想终究不能实现，他的出游也就不能不碰上和孔子一样的遭遇，在自己的祖国挨过饿。因为说话直率得罪了邹穆公，这位国君就停止了给他的馈赠。在齐国、梁国等大国，国君对他的政治主张最多也就是听听而已。《史记》说他"游事齐宣王，宣王不能用。适梁，梁惠王不果所言"。

　　比较一下同时代的邹衍，孟子的境遇真是令人深深叹息。邹衍是个阴阳家，用今天的话讲就是专门谈天说地、装神弄鬼、蛊惑人心的算命先生，据说他的最后目的还是要推行儒家的治国理念，但他在齐国和梁国均得到高规格的礼遇，可以和国王平起平坐。到了赵国，最有权势的贵族平原君小心翼翼地跟在他侧面走，坐下来之前，还要亲手用袖子为他掸掉坐席上的灰尘。

　　到了燕国，燕昭王亲自毕恭毕敬地拿着扫帚倒退着为他清路，并专门为他盖了一座叫碣石宫的高级宾馆。相较之下，孔子、孟子谈仁说义，却落了个饥寒交迫、四处碰壁。原因正如《史记》所说，他们的主张和那个时代的需要之间，有如方枘圆凿，格格不入。

孟子晚年跑不动了，只好回到家里，和他的学生在一起著书立说，《史记》说他和"万章之徒序诗书，述仲尼之意，作孟子七篇"。先秦三大儒都是这样。荀子虽曾在齐国"三为祭酒"（"祭酒"相当于礼宾司司长），但终究被人陷害跑到楚国投奔春申君，做了个县级的兰陵令。春申君死了，荀子的兰陵令立刻就被撤掉，也只好回到家里去写书了。但三大儒政治上的不得意，却成就了一部中国思想史和中国文化史。《论语》、《孟子》、《荀子》，这三部儒家经典中的经典，实际上奠定了中国人的文化性格。

孟子的思想

孟子在很多方面都深化与发展了孔子的思想。特别令人惊异的是，时隔两千多年，他的许多思想直到今天仍具有强烈的现实意义和普遍的文化价值，好像针对的就是当代人、当代社会和当代世界。

翻开《孟子》，扑面而来的是强烈鲜明的民主意识，人民至上的政治理念像一条红线贯串于《孟子》全书。孟子思想最可贵的价值首先就体现在他的永不停歇的民主呐喊，这呐喊如同利剑和

灯塔，射穿了专制制度的黑夜，暴露了社会丑恶的现实，抨击了统治者的残暴，表达了老百姓的呼声。

民贵君轻——高倡民权，反对专制

孟子关于民主有一个著名的理念，那就是"民为贵，社稷次之，君为轻"。(《孟子·尽心（下）》)

这个理念告诉我们，老百姓是最宝贵的，老百姓的利益是至高无上的，和老百姓比起来，决定国家命运的社稷神灵都是次要的，国君在国家的天平上则是分量最轻的。"民贵君轻"的思想在先秦诸子中绝无仅有，它是两千年封建社会中最响亮的民主呼声。

从"民贵君轻"的政治理念出发，孟子强烈抨击了残暴的统治者鱼肉百姓所造成的贫富悬殊：

庖有肥肉，厩有肥马，民有饥色，野有饿莩，此率兽而食人也。兽相食，且人恶之；为民父母，行政，不免于率兽而食人，恶在其为民父母也。(《孟子·梁惠王（上）》)

你的厨房里有肥肝厚肉，你的马厩里有肥壮的马，但老百姓的脸上都是饥饿的菜色，田野上横陈着饿死的尸体，这简直就是率领野兽吃人哪！野兽相残，人都厌恶；你们这些所谓老百姓的父母官，奉行的政策就好像率领野兽来吃人，哪里还有资格做老百姓的父母官？

在中国历史上，孟子是最勇敢地抨击统治者的残暴，最尖锐地抗议贫富悬殊现象的思想家，因此也是最出色地履行了知识分子天职的思想家。上面一段话和后来杜甫的"朱门酒肉臭，路有冻死骨"，同样令人触目惊心，孟子的言论更迸发出一种愤怒的犀利。

从"民贵君轻"的政治理念出发，孟子坚决反对帝王拥有绝对权力，而将君臣关系视为互相制约、互相对等的相对义务关系，这就是我在前面介绍过的"君之视臣如手足，则臣视君如腹心；君之视臣如犬马，则臣视君如国人；君之视臣如土芥，则臣视君如寇仇"。

从"民贵君轻"的政治理念出发，孟子更认为如果统治者不能体现人民的意志，不能代表人民的利益，犯了严重错误还不改，被统治者就完全有权利更换统治者。例如：

齐宣王问卿。

孟子曰："王何卿之问也？"

王曰："卿不同乎？"

曰："不同；有贵戚之卿，有异姓之卿。"

王曰："请问贵戚之卿。"

曰："君有大过则谏；反复之而不听，则易位。"（《孟子·万章（下）》）

齐宣王向孟子请教卿的职能是什么，孟子回答说："国君犯了严重错误，卿负责规劝他。如果反复规劝国君还不听，卿就可以换掉他。"

　　从"民贵君轻"的政治理念出发，孟子甚至明确地肯定人民有报复残暴的统治者，乃至发动革命战争，推翻残暴的统治者的权利。邹国和鲁国发生冲突，邹国官吏死了三十三人，老百姓一个都没死。眼望着头儿去死却不救助，邹国的国君很恼火，向孟子诉苦，说杀掉这些见死不救的百姓吧，太多了杀不过来，况且都杀了谁来交税呢？不杀吧，又真是心理不平衡。孟子却说这个国君活该。为什么呢？孟子指出邹国的大小官吏平时残害百姓，等到他们面临危险的时候，老百姓当然没有义务帮助他们。

　　不仅如此，孟子还进而认为百姓完全可以把这场冲突看成报复本国官吏的机会，所谓"夫民今而后得反之也"（《孟子·梁惠王（下）》），"为匹夫匹妇复仇"（《孟子·滕文公（下）》）。

　　就民主理念来说，孟子比孔子要先进。孔子讲出身，强调尊卑等级秩序不可侵犯，抨击僭篡为"大逆不道"，如齐国陈氏贵族杀了他的国君，孔子就请鲁君出兵讨伐。孟子则只讲仁政，等级出身等都必须服从于仁政的最高政治目标，凡是行仁政的都可为王，贵族行仁政就可取国君而代之，国君不行仁政就不再有资格做国君，如果倒行逆施、残害百姓，就是独夫民贼，人人皆可得而诛之。例如，周武王推翻商纣王，孟子不认为是大逆不道的弑君，而认为是合乎正义地诛杀一个残暴的独夫。"闻诛一夫纣矣，未闻弑君也。"（《孟子·梁惠王（下）》）"诛"与"弑"一褒一贬，含有特定的鲜明的政治道德含义。臣下无理地杀害君主、儿女杀死父母等都用"弑"字，合乎正义地讨伐杀死罪犯则用"诛"字。

按身份，周还是商的诸侯国，周武王还是商纣王的臣属，但周武王杀掉商纣王，孟子却否认是"弑君"，而明确地指出这不过是除掉了一个独夫民贼而已。这种立场和解释对于孔子来说不可想象、不可接受，对于孟子却是天经地义。因此我在前面说，在中国政治思想史上，孟子第一个从根本上颠覆了帝王专制时代忠君不贰的政治要求，"君要臣死，臣不敢不死"，"君王圣明，臣罪当诛"的奴才政治逻辑在孟子这里是根本行不通的。

但在孟子之后的两千年里，这个奴才政治逻辑一直横行无忌，孟子的呼声差点成了绝响。一直到明末清初的黄宗羲，才又大胆

黄宗羲

地对这个奴才政治逻辑提出挑战，淋漓尽致地鞭挞了封建专制统治的黑暗和残暴。黄宗羲认为君和臣就像共同抬一根大木头的人，是一个戮力同心、互相合作的关系。"夫治天下犹曳大木然，前者唱邪，后者唱许，君与臣共曳木之人也。"君和臣只是名称不同，社会职责是一样的。"又岂知臣之与君，名异而实同耶"，他从君臣的平等关系出发，指出：

> 天下之治乱，不在一姓之兴亡，而在万民之忧乐。（《明夷待访录》）

进而尖锐地抨击了帝王家天下的罪恶：

> 以我之大私，为天下之大公，……屠毒天下之肝脑，离散天下之子女，以博我一人之产业。……敲剥天下之骨髓，离散天下之子女，以奉我一人之淫乐。……然则为天下之大害者，君而已矣。（《明夷待访录》）

天下的资源从财货资源到美女资源，都被君主垄断独占，君主实在是天下最大的祸害。黄宗羲发表这些言论的《明夷待访录》，是数千年专制社会中最响亮的反封建的檄文，它开启了中国近代反封建思想的序幕。他的最早的知音同调却是两千年前的孟子，他和孟子的民主精神显然一脉相通。从孟子到黄宗羲的民主呐喊，是对专制时代暴虐统治的振聋发聩的永恒抗议和正义宣判。

民主政治——国家大事，由民做主

在中国上古社会中，广泛地流传着"以民为本"的政治思想。例如，《尚书·五子之歌》说："民为邦本，本固邦宁。"民谚也说："国以民为本，民以食为天。"孟子却初步提出了比"民本"的政治思想更加先进的民主政治思想。

"民本"与"民主"的区别是"为民做主"和"由民做主"的区别。"民本"思想认为人民是国家的根本，民主思想则认为人民不仅是国家的根本，还是国家的主人。民本思想认为统治者应善待人民，民主思想认为统治者不仅应该善待人民，还必须遵循人民的意志来制定国家的大政方针。

作为思想家的孟子，他对民主最大的贡献不仅是提出了"民贵君轻"的命题，他同时还制定了民主的政治原则来保证老百姓的权利和利益。

关于民主的政治原则，孟子提出：

国君进贤，……左右皆曰贤，未可也。诸大夫皆曰贤，未可也。国人皆曰贤，然后察之。见贤焉，然后用之。左右皆曰不可，勿听。诸大夫皆曰不可，勿听。国人皆曰不可，然后察之。见不可焉，然后去之。左右皆曰可杀，勿听。诸大夫皆曰可杀，勿听。

国人皆曰可杀，然后察之。见可杀焉，然后杀之。故曰，国人杀之也。(《孟子·梁惠王（下）》)

国家要选拔干部了，左右亲近的人说这个人好不行，朝廷上的大臣们都说这个人好也不行，国内的百姓都说这个人好，才能进入考察阶段。考察后确实好，才能用他。任用干部应该走这种民主程序，罢免干部乃至惩罚干部也都应该走这种民主程序。

梁漱溟先生曾说，中国传统有民主精神无民主制度。在两千四百年前的历史条件下，孟子自然无法设想具体的民主制度，但孟子关于政治原则的看法，实际上就是国家大事归根结底应该由全体国民说了算，这是典型的民主精神。与孟子同时代的古希腊，存在着城邦民主的政治制度，但希腊的这种民主制度明确地剥夺女性和奴隶的民主权利，民主只能是城邦中少数自由人范围内的民主。孟子的民主原则显然更彻底，更普遍。当然，从另一个角

度看，希腊的民主已经形成一种具体的制度，而孟子这里还只是提供了民主的原则和民主的精神，因此，希腊的民主当然是更成

熟的。

孟子民主政治思想最可贵的地方在于，它将政治的出发点从统治者彻底地转向人民，将统治者的利益置于人民的利益之下，视人民的利益为评价政治的唯一标准、最高标准。他在两千多年前能够提出一切从人民出发，由民做主的民主观念，实在是世界思想史上惊天动地的大事。

民生经济——平均地权，鼓励工商

在先秦诸子百家中，孟子最关注民众的经济问题。从这个角度看，孟子又是最务实的思想家，司马迁说他迂阔就有点冤。孟子认为，对于民众来说，首要的问题是解决他们的生存权问题，而解决生存权最重要的是保障民众拥有基本的不容剥夺的财产权，用孟子的话说，就是使民有"恒产"。孟子揭露统治者的贪婪残暴已经剥夺了民众的基本生存权，他说：

司马迁

今也制民之产，仰不足以事父母，俯不足以畜妻子；乐岁终

身苦，凶年不免于死亡。（《孟子·梁惠王（上）》）

　　民之憔悴于虐政，未有甚于此时者也。　（《孟子·公孙丑（上）》）

　　如今百姓的财产，上不足以孝敬父母，下不足以养活妻子儿女，丰收的年景，一年到头过得也很辛苦，遇到灾年，就只有死路一条了。百姓遭受暴政的残害，没有比今天更厉害的了。

　　针对民众这种悲惨状况，孟子反复地提出自己的经济主张，下面的经济蓝图在《孟子》一书中出现三次之多：

　　五亩之宅，树之以桑，五十者可以衣帛矣。鸡豚狗彘之畜，无失其时，七十者可以食肉矣。百亩之田，勿夺其时，数口之家可以无饥矣。谨庠序之教，申之以孝悌之义，颁白者不复戴于道路矣。七十者衣帛食肉，黎民不饥不寒，然而不王者，未之有也。（《孟子·梁惠王（上）》）。

在五亩大的宅院中，种植桑树，那么，五十岁以上的人都可以穿上丝棉袄了。鸡、狗、猪等家畜，家家都有饲料和工夫去饲养，那么，七十岁以上的人都可以有肉吃了。一家百亩耕地，不去妨碍他们的生产，那么，数口之家就可以吃得饱饱的了。好好办些学校，反复地用孝敬父母、敬爱兄长的道理来教育他们，那么（人人都会敬老，主动为老人服务），头发花白的老人就不会头顶着重物、身背着重物奔波在道路上了。七十岁以上的人有丝棉袄穿，有肉吃，一般百姓饿不着、冻不着，这样还不能使天下归服的，是从来不曾有的事。

为了实现这个经济蓝图，孟子假托古代历史，提出了关于经济制度的带有鲜明社会主义色彩的土地改革方案，这就是著名的井田制：

> 夫仁政，必自经界始。经界不正，井地不钧，谷禄不平，是故暴君污吏必漫其经界。经界既正，分田制禄可坐而定也。……方里而井，井九百亩，其中为公田。八家皆私百亩，同养公田；公事毕，然后敢治私事。（《孟子·滕文公（上）》）

实行仁政，一定要从划分整理田界开始。田界划分得不正确，作为俸禄的田租收入也就不会公平合理，因此暴虐的君王和贪官污吏一定要打乱正确的田间界限，好趁机侵夺弱者的田产。田间界限正确了，分配给百姓田地，制定官吏的俸禄，都可以毫不费力地做出决定。井田制的办法是，每一方里的土地为一个井田，每一个井田有九百亩地，当中一百亩是公田，外边八百亩分给八家作私田。这八家共同来耕作公有田，先把公有田耕作完毕，再来料理私田。

"井田"这个名称并没有见于周代文献，因此井田制的具体情况如何，已经无法考证。孟子提出这种平均地权的经济制度显然融入了自己的理解、想象和创造。有学者指出孔子仅向往尧舜的人格，而孟子则虚拟尧舜的制度（见侯外庐等著《中国思想通史》第一卷），井田制的设想就是一例。这是中国最早的土地改革设想，它影响巨大，甚至启发了两千多年后孙中山"平均地权"的主张。

孙中山

孟子提出井田制，是和法家如商鞅的经济发展战略唱对台戏。商鞅在秦国变法搞改革，提出"为田开阡陌，民得买卖"。"阡陌"就是孟子说的"经界"，也就是井田制中的各家田地的边界。商鞅主张废除这个边界，允许土地自由买卖，这被认为是一种进步的改革思想。

孟子之所以坚决反对商鞅的这个改革，就是因为担忧这样一来"暴君污吏必漫其经界"，也就是统治者必然以改革为名，滥用手中的权力侵吞民众的田产。这样势必产生富者愈富、贫者愈贫的马太效应，导致严重的贫富悬殊与社会不公。

从经济发展的内在规律来看，商鞅的改革主张鼓动人们普遍的求富欲望，以利相诱，不能说没有道理，实践也充分证明商鞅的改革确实十分成功，它直接促进了秦国的经济发展乃至国势强盛，为秦国以后统一天下奠定了雄厚的基础，但商鞅的改革也带来了严重的社会问题。如班固说：

庶人之富者累巨万，而贫者食糟糠。（《汉书·食货志》）

董仲舒说得更尖锐：

董仲舒

用商鞅之法，改帝王之制，除井田，民得卖买，富者田连阡陌，贫者亡立锥之地。（《汉书·食货志》）

就是说，商鞅变法抛弃传统，实行土地私有的自由买卖，造成严重的贫富悬殊。富人财产千万亿万，贫苦的人却只能吃糠咽菜；富人拥有的田地是那样广阔，连田间的道路都吞没了，贫苦

的人却连插一根锥子的地方都没有了。

孟子和商鞅针锋相对，明确地反对"上下交征利"（《孟子·梁惠王（上）》），也就是反对上上下下利字当头，而是更重视社会公平。从经济发展的角度看，商鞅的改革有其必要性；从社会稳定的角度看，孟子的主张也有其合理性。特别是面对强者利用权势肆无忌惮地欺凌侵夺弱者时，孟子的主张就更体现出社会的正义性和道德的崇高性。

孟子与商鞅的悖论一直到今天仍突出地表现于转型期国家的改革历程中。孟子坚决反对"暴君污吏"利用政治特权侵害民众利益，应该说是抓住了社会公平问题的症结。

特别值得注意的是孟子对发展工商业的主张，他的主张最令人称道的有两点。

一是反垄断。例如，孟子说：

古之为市也，以其所有易其所无者，有司者治之耳。有贱丈夫焉，必求垄断而登之，以左右望，而罔市利。人皆以为贱，故

从而征之。征商自此贱丈夫始矣。(《孟子·公孙丑（下）》)

古代的买卖，以有易无，这种事，相关的部门管理管理罢了。但却有一个卑鄙的汉子，一定要找一个高地登上去，左边望望，右边望望，恨不得把天下所有买卖的好处都由他一网打尽。人们都觉得这人太卑鄙，因此抽他的税。向商人抽税就是这样开始的。

孟子好像是在讲笑话，税收制度好像不会这样随随便便就开始了，但从这个故事可以看出，孟子是如何地蔑视垄断行为。

孟子关于发展工商业的第二个主张是反对滥收税，主张鼓励工商。

孟子主张"关市讥而不征"(《孟子·梁惠王（下）》)"市廛而不征，法而不廛"(《孟子·公孙丑（上）》)，就是要求关卡和市场应该检查货物但不能滥收税。市场上，应提供空地储藏货物，但不能征收货物税；如果货物滞销了，应该依法征购，避免长久积压。

孟子为商人想得真的很周到，这也是先秦儒家对工商的共同态度，这在今天看来也是一种十分前卫的经济学思想，其强调贸易自由的理念丝毫不亚于今日自由主义的经济主张。但荀子因受法家影响而有所改变。

　　谈到孟子的经济思想时，我们还不应忘记，他还是最早地提出了可持续发展理念的思想家。他说：

　　不违农时，谷不可胜食也；数罟不入洿池，鱼鳖不可胜食也；斧斤以时入山林，材木不可胜用也。谷与鱼鳖不可胜食，材木不可胜用，是使民养生丧死无憾也。养生丧死无憾，王道之始也。（《孟子·梁惠王（上）》）

　　这段话明确地阐释了今日看来尤其值得宝贵的生态主义思想、环境保护思想和可持续发展思想。

赵士林

中國的智慧

道家的智慧

前面我说过，日月交辉，儒道互补，是中国的一大智慧。儒家和道家的互相补充，就像太阳和月亮交替运行，就像乾坤一体，阴阳互摄，刚柔相济，虚实相生。儒家风骨和道家气象，入世和出世，有为和无为，兼济天下和独善其身，悲歌慷慨和愤世嫉俗，身在江湖和心存魏阙，那样奇妙地相得益彰，组成了中国智慧既空灵又丰实的壮观画面。谈到道家，有人一定会想到道教，想到张天师、全真七子、八仙过海、白云观、武当山，想到炼丹画符，长生不老。其实，道家和道教固然具有密切联系，甚至可以说没有道家就没有道教，但两者也有重大区别。简单地说，道家是一种哲学，道教是一种宗教。

道家最伟大的思想家一位是老子，另一位是庄子。如同儒家孔孟并称，道家则是老庄并称。但老子和庄子其实有很大区别，下面就先谈谈老子。

老子的智慧

　　和孔子比起来，老子更有传奇色彩和神秘意味。孔子只是在汉代很短一段时间内被当作神，说他是黑帝之子。孔庙尽管一直香火旺盛，但坐在里面的孔子一直是个文化人，而不是神，当然是中国最有文化的人，中国文化第一人。

　　老子就不同了，他是道家的创始人，又是道教的教主。老子姓李，唐朝的皇帝也姓李，为了给自己增加神圣的色彩，唐朝从立国开始就拼命地抬举老子和道教，所谓儒释道三教，道教排第一，儒教排第二，佛教排第三。唐太宗的父亲唐高祖李渊封老子为太上老君，从此老子就家喻户晓。老子是中国第一位得道成仙

的人，也就是中国第一位神仙。

孔子一直是人，老子则由人变成了神，这里面就隐藏着儒家和道家的不同追求，不同境界。

在中国古人的眼里，圣人出生就和一般人不一样，这是宣传圣人、树立圣人权威的惯用套路。例如，孔子出生，有所谓"龙生虎养鹰打扇"之说，孟子出生有五色祥云降临到他家的胡同里。老子的出生就更不平凡了，有一个说法是：老子在娘胎里呆了八十一年才出生，生下来头发就白了，因此被称为老子。《史记·孔子世家》记载着孔子向老子求教问礼的故事，孔子在老子面前就像一个小学生，俯首贴耳地接受老子的训导，过后回味老子的教导，竟好几天说不出话来，最后由衷地赞叹老子是龙。后来道家中人特别喜欢宣传这个故事，目的不外乎是要把孔子说成是老子的粉丝，证明道家比儒家高明。此外还有《老子化胡》的故事：老子西行出关到了印度，变成释迦牟尼佛，创立了佛教，培养了一大批佛教徒。这个故事的原创者是中国最早的佛教徒。

他们编这个故事的目的是为了借助老子的权威，树立在中国的正统地位，实现中国的本土化，排除弘扬佛法的障碍。后来西晋有位叫王浮的道士又编造了《老子化胡经》，大肆渲染这个故事，目的不外乎是要证明道教比佛教高明。今天看来，这两个故事都不可信，不过这丝毫也不影响老子在中国文化史上的地位。老子确实是中国文化史上可以和孔子齐名的伟人。

> 如果将中国的智慧比喻为水墨画，那么孔孟是墨，老庄就是水，没有老子和庄子，这幅水墨画就没有了布白，没有了虚灵空旷的美。

老子是世界级的大哲学家，在国际上给中国人争了不少分。德国那位最有名的哲学家黑格尔提起孔子充满蔑视，认为孔子只

会唠叨一些老套的道德教训，但提起老子却充满敬意，认为老子代表了东方的哲学智慧。

黑格尔

据说世界上除了基督教的《圣经》外，老子的《道德经》是翻译语种最多，卖得最多的一本书。

当然，今天有了《哈里·波特》，情况可能就不一样了。老子作为哲学家为世界尊重，但他在中国，最早却被当成兵家。这是怎么回事？

老子的军事智慧

唐代有位叫王真的说老子《道德经》五千言，没有一句话不是谈兵，宋代苏东坡的弟弟苏辙说老子和孙子没什么区别，这些看法尽管有严重的夸张和歪曲，但也不能说丝毫没有根据。据说毛泽东主席也认为《老子》是一部兵书。翻开《老子》，直接讲兵的地方很多很多，有些话就像是直接来自《孙子兵法》。这里要简单交代一下，有人认为《孙子兵法》早于《老子》，有人认为《老子》早于《孙子兵法》，学术界对这个问题争得很厉害，这里自然无法讨论这个问题，我们只要记住，《老子》和《孙子兵法》有很多相似的军事思想就行了。

例如，《孙子兵法》说：

主不可以怒而兴师，将不可以愠而致战。（《孙子兵法·火攻》）

主帅不可以愤怒中出师，将军不可以气恼时作战。

《老子》说：

善战者不怒。（《老子·六十八章》）

这个看法十分英明。战争需要十分冷静地判断敌情，十分周密地谋划打法，一怒之下做出的决策往往耽误大事，耽误大事的结果往往就是国破家亡。恰如孙子所说：

兵者，国之大事也。死生之地，存亡之道，不可不察也。（《孙子兵法·计》）

军事是国家的大事，它决定着生死存亡。愤怒可以转化为高兴，气恼可以转化为喜悦，但国亡了就不能复兴，人死了就不能再生，因此战争的决策者对待战争要慎之又慎。

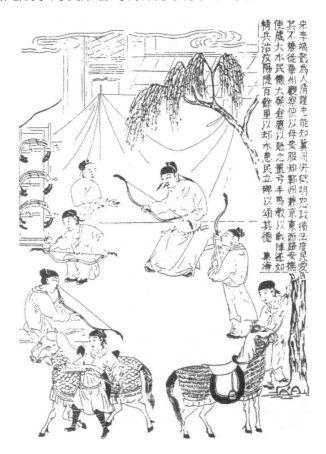

再如，《孙子兵法》说：

兵者，诡道也。故能而示之不能，用而示之不用。近而示之远，远而示之近。（《孙子兵法·计》）

所谓战争，就是阴谋诡计、狡诈手段的较量。因此，有能力却要装作没有能力，采用却要装作不采用。本来在近处，却要制造在远处的假象，本来在远处，却要制造在近处的假象。

兵不厌诈，《老子》更十分具体地发挥了这个诡道：

> 将欲歙之，必固张之；将欲弱之，必固强之；将欲废之，必固兴之；将欲取之，必固与之。（《老子·三十六章》）

将要收敛，必先扩张；将要削弱，必先强盛；将要废弃，必先兴起；将要夺取，必先给与。

总之，战争的艺术，就是想尽办法制造假象，千方百计迷惑敌人，这就是兵家的辩证法。老子和孙子都十分出色地阐释了兵家的辩证法，他们的看法具有普遍的意义，是一种永恒的智慧，因此，现代军事尽管已经进入高科技的信息战时代，但《孙子兵法》还是军事院校的必修教材。

但老子最可宝贵的军事智慧并不在于类似孙子的战争辩证法，而是他在谈论战争时体现出的人道情怀、和平精神和反战意识。

出于关注民生疾苦的人道情怀，老子令人惊心动魄地指出了战争的破坏性后果：

师之所处，荆棘生焉。大军之后，必有凶年。（《老子·三十章》）

军队驻扎之处，一定荆棘丛生，一场大战过后，必然出现荒年。因此老子强烈地提出了反战主张：

夫兵者，不祥之器，物或恶之，故有道者不处。（《老子·三十一章》）

兵革是不祥的东西，大家都厌恶它，所以有道的人不使用它。

老子又说：

以道佐人主者，不以兵强天下。（《老子·三十章》）

天下有道，却走马以粪。天下无道，戎马生于郊。（《老子·四十六章》）

意思是说，用大道辅佐君主的人，不靠兵力逞强于天下。政治清明，把战马还给农夫耕种；政治昏暗，连怀胎的母马也要用来作战。

老子在这个问题上和孔子有着共同语言。前面谈儒家的智慧时提到，孔子之所以称赞管仲够得上仁，就是因为管仲作为齐国政治的 CEO，九次统一诸侯，却没有一次是靠发动战争。

那么老子是不是一味地、绝对地反战，从而抹煞了正义战争和非正义战争的区别呢？

不是的。老子明确地指出，尽管战争不能不造成很大的破坏，但也有"不得已而用之"的时候。"不得已而用之"，应该就是指不能不打、不得不打的正义战争了，但特别应该注意的是，就是对"不得已而用之"的正义战争，老子也提出了人道的要求：

兵者不祥之器，非君子之器，不得已而用之，恬淡为上。胜而不美，而美之者，是乐杀人。夫乐杀人者，则不可得志于天下矣。……杀人之众，以悲哀泣之，战胜以丧礼处之。（《老子·三十一章》）

翻译成现代的话就是，兵革是不祥的东西，不是君子所使用的东西，万不得已而使用它，最好要淡然处之。胜利了也不要得意洋洋，如果得意洋洋，就是喜欢杀人，喜欢杀人的，是不会得天下的。战争杀人众多，应该对它有一种哀痛的心情，即使打了胜仗也要用丧礼的仪式来处理。

老子由此又提出了关于战争的一个著名判断：

故抗兵相若，哀者胜矣。（《老子·六十九章》）

两军对垒，实力相当，慈悲的一方才能获得胜利。

所谓哀兵必胜，典故就出在这里。哀兵必胜的知识产权是属于老子的。

我们看老子的军事智慧，简直就是反战的智慧。他对战争破坏性的揭露，对战争手段的厌恶，对战争应该遵循的人道原则，简直和他的对立派，儒家的孟子异曲同工。前面讲过，孟子在战国时代，也就是主要靠战争来决定国家生死存亡的时代，响亮地提出"善战者服上刑"，谁最能打仗，就对谁判处最严厉的刑罚，这种主张对于那个时代自然太离谱，没有一个统治者会听孟子的。但超越时代的局限，孟子的反战思想却表现出强大的人道力量和批判精神。请看他对战争残酷性的揭露、控诉和抨击：争地以战，杀人盈野，争城以战，杀人盈城，此所谓率土地而食人肉，罪不

容于死。"(《孟子·离娄（上）》)

为争夺土地而打仗，杀死的人漫山遍野；为争夺城池而打仗，杀死的人充满城池，这都是带领土地来吃人肉，死刑都不足以赎清他们的罪恶。

"争地以战，杀人盈野，争城以战，杀人盈城"，这和老子说的"师之所处，荆棘生焉。大军之后，必有凶年"，不正是同样震撼人心的控诉吗？

前面还谈到，孟子尽管是战国时代最著名的反战人士之一，但孟子也和老子一样，并不绝对地反对战争。例如，他认为武王伐纣的战争就是值得肯定的正义战争。是不是正义战争，衡量的标准只有一个：是否符合人民的利益。但是孟子认为从春秋到战国的战争都不是这样的正义战争，相反，都是统治者争权夺利，兼并土地，给人民带来巨大灾难的非正义战争。他所提出的"善战者服上刑"，锋芒所向，正是这些非正义战争的发动者，即便在今天，我们对这样的善战者，当然也要谴责和打击。例如，二战后世界正义力量审判和惩罚日本、德国的法西斯战犯。但孟子对正义战争的理解未免过于乐观，他有一句著名的话，"尽信书不如无书"，完全相信书上说的，不如没有书。

孟子为什么发出这样的议论呢？原来他对《尚书》中关于武王伐纣的一段描述深表怀疑。这段描述说武王伐纣，仗打得十分惨烈，以至于"血流漂杵"。什么是血流漂杵？杵就是过去洗衣服时用来捣衣服的木槌子，又粗又长又重。"血流漂杵"的意思是说，血流成河，乃至捣衣服用的长木槌都飘了起来。孟子认为武王伐纣是正义战争，是"以至仁伐至不仁"，也就是周武王这样极为仁道的人讨伐商纣王这种极不仁道的人，仁者无敌于天下，武王所到之处，敌军肯定望风披靡，纷纷归降，怎么可能打得那样惨烈，乃至血流漂杵呢？

孟子显然忽略了战争的复杂性和艰巨性，但他的动机和老子

一样，都是希望哪怕在正义战争中，也应该尽量减少伤亡。这种战争中的人道关注是中国军事文化的优良传统，它体现了中华民族推崇的仁厚之心。其实，我们就在专门谈论兵法的孙子那里，也能发现这种仁厚之心。

是故百战百胜，非善之善者也；不战而屈人之兵，善之善者也。（《孙子兵法·谋攻》）

即便百战百胜，也不是最高明的战法；不必开战就能降伏敌军，才是最高明的战法。

故上兵伐谋，其次伐交，其次伐兵，其下攻城。(《孙子兵法·谋攻》)

上策是用智谋击败敌国，其次是通过外交击败敌国，再其次才是消灭敌军，实在不行了，才使用最下策，也就是攻占城池。

作为军事家的孙武很有政治头脑，主张尽量用政治或外交手段解决问题，仗能不打就不打，不得不打时，能不攻城就不攻城，用意之一显然是尽量避免伤亡。

后来大诗人李白写诗说，"兵者乃凶器，圣人不得以而用之"，显然是在直接宣传老子的军事思想。另一位大诗人杜甫也说："杀人亦有限，立国自有疆。苟能制侵凌，岂在多杀伤！"

对外战争应该只限于保家卫国，制止侵略战争，不应该毫无节制地扩大战争，应该力避伤亡惨重。杜甫的《兵车行》，更是千

古绝唱，流露出深厚的人道情怀："车辚辚，马萧萧，行人弓箭各在腰。耶娘妻子走相送，尘埃不见咸阳桥。牵衣顿足拦道哭，哭声直上干云霄。……君不见青海头，古来白骨无人收。新鬼烦冤旧鬼哭，天阴雨湿声啾啾。"

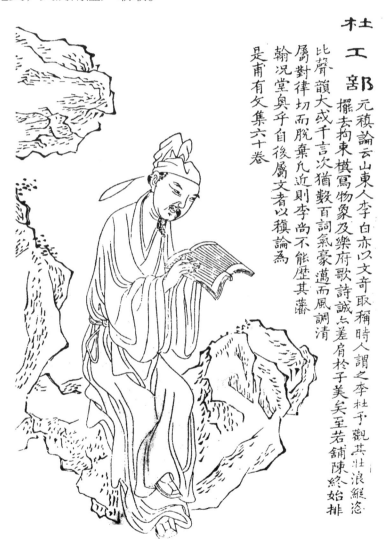

杜工部

元稹論云山東人李白亦以文奇取稱時人謂之李杜予觀其壯浪縱恣
擺去拘束模寫物象及樂府歌詩誠亦差肩於子美矣至若舖陳終始排
比聲韻大成千言次猶數百詞氣豪邁而風調清
屬對律切而脫棄凡近則李尚不能歷其藩
翰況堂奥乎自後屬文者以稹論為
是甫有文集六十卷

古话讲，乱离人不如太平犬。统治者穷兵黩武给人民造成了巨大的灾难，就连大军阀曹操也写诗惊叹战乱造成的人间惨剧：

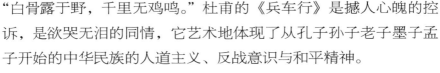

"白骨露于野，千里无鸡鸣。"杜甫的《兵车行》是撼人心魄的控诉，是欲哭无泪的同情，它艺术地体现了从孔子孙子老子墨子孟子开始的中华民族的人道主义、反战意识与和平精神。

当然，历史的真实是：仁厚之心阻挡不住贪欲制造的残暴。前面说过，战国末期，秦将白起俘虏赵军四十万，除了二百四十个老弱病残，其余的竟然都被他活埋了。秦末战乱，楚霸王项羽受降秦军二十万，后来也全部被他活埋。这种战史上的罕见暴行，说明了道德要求在强权面前的脆弱。孔子孙子老子墨子孟子，都只有仰天长叹了！

说了半天老子的军事智慧，并不意味着承认《老子》是兵书，唐代那个王真说《老子》五千言句句谈兵，显然是胡说八道。《汉书·艺文志》早就指出了以老子为代表的道家的来历和宗旨："道家者流，盖出于史官，历记成败、存亡、祸福、古今之道，然后知秉要执本，清虚自守，卑弱以自持，此君人南面之术也。"

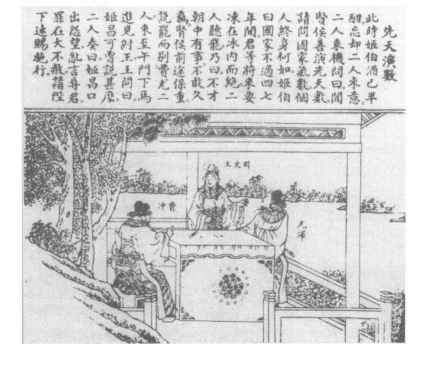

这是说，道家这个学派出身于记载历史的史官，由于对历史的经验教训十分熟悉，从而认定君王最重要最根本的统治方法是清虚自守、恬淡寡欲，以谦卑的姿态保持政治稳定。既然是搞历史的，对历史中的军事斗争自然也十分熟悉。军事是政治的延续，反过来，政治也是军事的延续。在旧时代，政治斗争中的阴谋诡计、狡诈伎俩、贪婪无耻、狠毒残忍，一点也不比战场上逊色。老子谈兵，就是要从军事智慧中引申出政治智慧。在老子这里，军事辩证法自觉地变成了政治辩证法。例如，孙子说，"凡战者，以正合，以奇胜"（《孙子兵法·势》），《老子》则说，"以正治国，以奇用兵"（《老子·五十七章》），这就是将孙子的军事智慧转化成了政治智慧。下面就来谈老子的政治智慧。

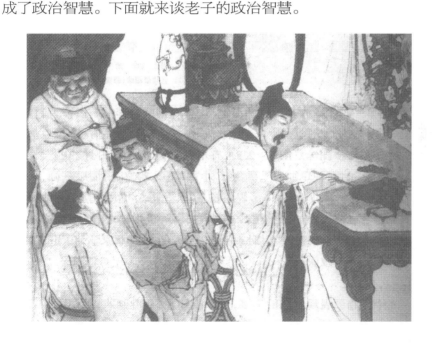

老子的政治智慧

大军事家都必然是大政治家，《孙子兵法》开篇就说：

道者，令民与上同意者也，可与之死，可与之生，民弗诡也。

（《孙子兵法·计》）

所谓道，就是能够使民众和君王同心同德的政治道义。体现这个政治道义，才能号令人民出生入死，而民众又心甘情愿，不生二心。

这与其说是在谈军事，不如说是在谈政治。

关于孙子，还有这样一个案例：

一次，吴王和孙子谈话，吴王问晋国分守六处的六个将军哪一个先垮台。孙子为这六个将军排了个次序，依据是收税轻重，

谁收税最重，谁最先完蛋，整个晋国最后都要归于收税最轻的。吴王明白了，于是谈体会说："王者之道很明白，就是厚爱自己的老百姓。"

孙子的政治思想已经直通儒家。那么老子呢？在军事智慧上老子和孙子是知音，在政治智慧上老子和孙子也是同道。如老子说：

民之饥，以其上食税之多，是以饥。（《老子·七十五章》）

老百姓之所以忍饥挨饿，就是由于统治者收的苛捐杂税太多。

老子更进一步尖锐地批判腐败的统治者说：

大道甚夷，而人好径。朝甚除，田甚芜，仓甚虚；服文采，带利剑，厌饮食，财货有余，是为盗竽，非道也哉。（《老子·五

107

十三章》)

翻译成现在的话就是，大道平平坦坦，但是君王偏偏喜欢走邪路。朝政腐败极了，农田已经非常荒芜了，百姓的粮仓已经十分空虚了，但统治者呢，还照样地穿着绫罗绸缎，佩着锋利的宝剑威吓百姓，精美的饮食都吃厌了，国家的财富都刮净了。这就叫强盗头子呀，他们是多么地无道啊！老子由此感慨道：

天之道，损有余而补不足。人之道则不然，损不足以奉有余。（《老子·七十七章》）

自然的规律是减少有余的来补充不足的，人间的规律却是剥夺不足的来供奉有余的。

损不足以奉有余，富者愈富，贫者愈贫，这就是今天的经济学家们经常谈起的马太效应。

马太效应的典故出自基督教的《圣经》。《圣经·新约·马太福音》中有这样一个故事：

一个国王远行前，交给三个仆人每人一锭银子，吩咐他们："你们去做生意，等我回来时，都来向我汇报。"国王回来时，第一个仆人汇报说："主人，你交给我的一锭银子，我已赚了十锭。"于是国王奖励了他十座城镇。第二个仆人汇报说："主人，你给我的一锭银子，我已赚了五锭。"于是国王便奖励了他五座城镇。第三个仆人汇报说："主人，你给我的一锭银子，我一直包在手巾里存着，我怕丢失，一直没有拿出来。"于是，国王命令将第三个仆人的那锭银子赏给第一个仆人，并且说："凡是少的，就连他所有的，也要夺过来。凡是多的，还要给他，叫他多多益善。"

后来西方的经济学家们将这个故事拿过来打比方，把贫者愈贫，富者愈富，赢家通吃的社会经济现象称为马太效应。

在中国，老子最早揭示了这个马太效应。"损不足以奉有余"七个字，精炼地概括了所谓马太效应。老子如果活到今天，恐怕还要产生关于马太效应的知识产权纠纷，他会不会和西方人打打官司，说应该将马太效应改成老子效应呢？当然不会。后面我要谈到，老子奉行的是不争哲学，他是不会为任何问题去打官司的。

人们常说老子不讲感情，专谈权术，十分冷酷，但从老子的政治批判来看，他其实非常关注民间疾苦，痛恨统治者的腐败和贪婪，抨击贫富悬殊和社会不公，很有正义感，是个热心肠的老头儿。

政治如此黑暗，出路何在？老子不仅是批判家，他还热心地追求自己心目中的政治理想，他开出的政治药方就是：小政府，小社会。切勿扰民。

谈到老子的政治思想，人们立刻就会想到无为而治。无为而治的意思就是统治者的政策要顺其自然，不要骚扰老百姓。老子说：

圣人常无心，以百姓心为心。（《老子·四十九章》）

用今天的话说就是符合正义的执政者绝不自作聪明，异想天开，更不会心存私欲，他们把老百姓的愿望当作自己的愿望，把老百姓的心当作自己的心，这就是无为而治，很有点像今天我们说的全心全意为人民服务。

老子关于治国还有一句非常著名的话，那就是：

治大国若烹小鲜。（《老子·六十章》）

小鲜就是小鱼的意思。治理一个大国，就像煎一条小鱼一样。会煎鱼的人都知道，煎一条小鱼不能总去翻腾它，翻来翻去就翻碎了。治国的道理也是这样，不能总去折腾老百姓。这就是无为而治，很有点像今天我们说的政府职能转换，多服务少命令，行政权力的干预越少越好，需要行政审批的项目越少越好。

谈到无为，人们常说这是消极的、无所事事的态度。朱熹就曾批评老子光占便宜不做事，但这是误解。实际上无为并不是躺在床上睡大觉，什么也不干，并不是懒汉哲学，如果这样，用今天的话说就是失职渎职，行政不作为。

老子是说过"以无事取天下"，但他的意思不是不做事。因为他还说，"事无事"（《老子·六十三章》），"事无事"的意思就是遵循不扰民的原则做事。

在老子这里，无为的意思就是不妄为，更不能胡作非为，也就是顺乎自然。无为应该和自然连读，叫做自然无为。老子的原话是"无为而无不为"，无为是为了无不为，只有无为，才能无不为。这话听着好像绕口令，是不是？其实老子的意思就是一句话，只有遵循自然的规律，才能解决一切问题。违背自然的有为，就是自作聪明地瞎折腾，只能适得其反，搞得民怨沸腾。因此无为而治表面上看很消极，实际上却是积极的政治智慧。由此看来，宋代的大儒朱熹批评老子对国家天下没有丝毫责任感，实在是冤枉了老子。

老子是大思想家，他提出无为而治，不能没有理论根据，那就是：

天地不仁，以万物为刍狗；圣人不仁，以百姓为刍狗。（《老子·五章》）

意思是，天地无所偏爱，任凭万物自然生长；圣人无所偏爱，任凭百姓自由发展。因此，老子这样评价统治者：

太上，不知有之；其次，亲而誉之；其次，畏之；其次，侮之。（《老子·十七章》）

翻译成现代汉语就是：最好的政治家，是人民根本没有感觉到他的存在；其次的政治家，是人民亲近赞美他；再其次的政治家，是人民害怕他；最差的政治家，是人民蔑视嘲笑他。

最后，老子对胡作非为、凶残暴虐的统治者发出了严重警告：

民不畏死，奈何以死惧之？（《老子·七十四章》）

老百姓被逼得忍无可忍，造反了，那时你再怎么镇压屠杀也没有用。百姓已经不怕死了，你还用死亡来威胁他们，岂不是枉费心机？

但老子的政治智慧当然不是一片光明，关于统治者如何对待老百姓，老子有一个似乎让我们不能容忍的思想，那就是愚民。他说：

古之善为道者，非以明民，将以愚之。民之难治，以其智多。故以智治国国之贼，不以智治国国之福。（《老子·六十五章》）

意思是，古代善于治国的人，不是教百姓聪明，而是让百姓愚蠢。如今的百姓之所以难以治理，就是因为他们有太多的智谋心机。因此用智谋去治理国家，是国家的灾难，不用智谋去治理国家，是国家的幸福。

这就是后来被我们严厉批判的"愚民政策"。

"愚民政策"的知识产权，原来也是属于老子的。

愚民政策确实影响恶劣，后来秦代暴政，秦始皇和他的丞相

秦始皇

李斯"焚书坑儒",大搞思想统治和文化专制,就被汉代的大思想家、大政治家贾谊称为"愚黔首",也就是愚弄老百姓。"黔首",从战国到秦代,特别是秦代,都是老百姓的代称。而"愚黔首"显然就是发挥了老子的思想。当然,专制统治者愚弄老百姓是自以为得计,愚民政策不可能真正长久有效地维护残暴的专制统治。贾谊写《过秦论》总结秦代短命的教训,说得非常明白:"故夫民者,至贱而不可简也;至愚而不可欺也。故自古至于今,与民为仇者,有迟有速,而民必胜之。"

百姓尽管地位低贱,但不可侮辱;尽管看似愚蠢,但不可欺压。从古到今,和老百姓对立的人,或迟或早,肯定要被百姓推翻。

这话说得铿锵有力,掷地自作金石声,和汉代的一首民谣完全可以对应。这首民谣说:

发如韭,剪复生;

头如鸡,割复鸣。

吏不必可畏,小民从来不可轻。

这首民谣的意思是:

113

头发像韭菜一样，剪了还会长出来；头颅像公鸡一样，砍掉了还要鸣叫。当官的没什么可怕的，小百姓从来就不可任意地轻视欺凌。

但回过头来，我们再揣摩一下老子的话，他的意思好像和秦始皇、李斯的做法还不是一回事。他说"以智治国国之贼"，那么是谁以智治国呢，显然不能是老百姓，而只能是统治者。他要求统治者不要以智治国，也就是说，统治者也应该愚蠢些。他不仅愚民，还要愚官，他的政策不仅是愚民政策，也是愚官政策。

这里插一句，老子所有的政治主张，都不仅仅是针对老百姓，同时也针对统治者，甚至主要是针对统治者。例如，他说：

> 我无为，
> 而民自化。
> 我好静，
> 而民白正。
> 我无事，
> 而民自富。
> 我无欲，
> 而民自朴。（《老子·五十七章》）

我无为，百姓自然就自我化育；我好静，百姓自然就走正道；我不扰民，百姓自然就富起来；我没有贪欲，百姓自然就朴实无争。

这段话所有的各项要求，都是对统治者的约束和警策。

谈到愚的要求，他是要求国家上上下下、大大小小，从帝王到百姓都变得很愚蠢，认为这样国家就太平了，理想社会就实现了。

这个说起来很好笑，其实正好符合老子的一贯思想。

何以见得？

　　因为老子不仅要愚民、愚官，他是连自己也要一起愚进去。例如，他不无欣赏地自我评价：

　　我愚人之心也哉！俗人昭昭，我独昏昏。俗人察察，我独闷闷。众人皆有已，而我独顽似鄙。（《老子·二十章》）

　　什么意思？我真是愚人的心肠啊！世人都明明白白，唯独我糊里糊涂；世人都精明得很，唯独我傻傻乎乎。世人都很有作为，唯独我愚蠢而笨拙。

　　老子甚至认为自己"沌沌兮，如婴儿之未孩"（《老子·二十章》），就是说混混沌沌，像一个初生的婴儿。

　　话到这里，我们应该明白，老子说的愚蠢其实就是淳朴自然，没有算计之心。老子认为社会之所以黑暗，政治之所以败坏，统治者之所以贪婪残暴，老百姓之所以悲惨无助，都是文明惹的祸，都是由于随着文明的进步，人太聪明了，天天互相算计，互相争夺，互相坑害，互相残杀。只有回到淳朴自然的状态，才能结束这种人间悲剧。因此，老子把回到自然淳朴状态的愚蠢叫做"大智若愚"，认为这种愚蠢才是大智慧，而现在人们互相盘算的所谓智慧不过是小聪明，到头来一定是聪明反被聪明误，就像《红楼梦》里说王熙凤，"机关算尽太聪明，反算了卿卿性命"。

王熙凤

那么，怎样才能实现大家都很愚蠢，都很自然淳朴的理想社会呢？

老子提出的政策是，首先要清除文明的污染，克服贪得无厌的欲望。

老子认为：

祸莫大于不知足，咎莫大于欲得。故知足之足，常足矣。（《老子·四十六章》）

最大的灾祸就是不知足，

最大的罪恶就是贪得无厌。

所以知道适可而止的人，永远是满足的。

知足常乐，这个中国人熟知的人生智慧的知识产权也是老子的。

老子还清醒地认识到：

少则得，多则惑。（《老子·二十二章》）

意思是少取反而能多得，贪多反而迷惑。

我常常想，老子如果生当今日，炒股票准能发大财。他不贪，知足常乐，见好就收，这样肯定套不住。可惜的是，我们的许多股民不懂得"少则得，多则惑"的道理，经常是在利令智昏的时候被牢牢套住，成了强势大户的炮灰。我建议股民们不用看什么证券报，听什么股评分析，越看越糊涂，越听越乱，还经常被有意无意地误导。你们只需要看看老子的《道德经》，每天背一背"祸莫大于不知足"，"少则得，多则惑"就行了。

然而上面的话只能是炒股票的策略，从根本上说，人的贪欲毕竟是股票市场成立的前提，毕竟是历史前进的动力。就像黑格尔说的：恶是历史前进的动力。连恩格斯也认为这句话很有道理。瞧，人能有多恶，人的贪欲就能有多大！

我们都听过那个吕洞宾度人的笑话吧！吕洞宾下山传道，一时间找不到合适的人选，就想办法考验人。一次，碰到一个人，吕洞宾随手一指，点石成金，送给那个人，那个人说不要。吕洞宾又点了较大的一块石头，送给那个人，那个人还是不要。吕洞宾暗暗高兴，心想这个人不贪，是个成仙的好材料。他又最后一次点了更大的一块石头，送给那个人，那个人还是不要。吕洞宾于是觉得可以谈谈了，便问他："这么大块的金子为什么不要？"心想这人一定回答一心向道，不贪恋人间财物。没想到这个人回答说："我不想要金子，我想要你那个点石成金的手指头！"吕洞宾听了，只有赶紧腾云驾雾，开溜！

这就是人的贪欲。

然而，贪欲的后果是什么呢？老子从人的感性欲求的角度指出：

五色令人目盲，五音令人耳聋，五味令人口爽，驰骋畋猎，令人心发狂。难得之货，令人行妨。（《老子·十二章》）

翻译成今天的话就是：

光怪陆离的色彩使人眼花缭乱，

强烈刺激的音响使人震耳欲聋，

山珍海味的厌足使人舌不知味，

驰骋狩猎令人陷入疯狂，

珍贵的财货诱惑人走向犯罪。

老子说的太有道理了，他好像针对的就是几千年后的今天，真的是五色令人目盲，五音令人耳聋。声色的刺激已经使人的感官逐渐麻木，麻木的感官需要更强烈的刺激。艺术从传统到现代乃至后现代的历史就是不断地研究各种佐料，不断地制作浓度越来越高的精神麻醉品，来加强感官的刺激。节奏代替旋律已经不够用，音乐已经变成重金属加疯狂念咒；迪斯科摇滚已经不够用，舞蹈已经变成群体发作的癫痫。正像西方一位文化学家本雅明说的那样，古典的韵味在震惊中四散，能够把人们留在电影院的只有惊骇、震撼、魔幻，还有血淋淋的怪诞。黄色文学早已过时，毛片也早就没有感觉，剩下的只有零距离的体验了。这一切都还不够用，许多人索性就直奔毒品去了。五味令人口爽，是舌头的麻木。今天的达官贵人、富商大贾们，早已像晋代那个大富豪石崇"日食万钱，犹曰无下箸处"，每天花上万元钱摆下宴席，还说没什么可吃的，筷子夹哪儿哪儿烦。他们在豪华宴饮上的味同嚼蜡，和一个北京郊区的农民就着大蒜狼吞虎咽地吃三大碗炸酱面，究竟哪个更诱人，哪个是更值得过的生活呢？至于"难得之货，令人行妨"，珍贵的财货诱惑人走向犯罪，不正是在描绘举国上下深恶痛绝的贿赂公行、腐败猖獗吗？

怎么办？我们回到老子。

老子就此提出了针对性的政治举措，那就是：

圣人为腹不为目，故去彼取此。（《老子·十二章》）

圣人但求温饱而不追逐声色之娱，因此能够拒绝物欲的诱惑而保持俭朴的生活。

不尚贤，使民不争；不贵难得之货，使民不盗；不见可欲，使民心不乱。

是以圣人之治，虚其心，实其腹，弱其志，强其骨。常使民无知无欲。使夫智者不敢为也。为无为，则无不治。（《老子·三章》）

翻译成现在的话就是：

不标榜贤才异能，使人民不争功名；不珍贵难得的财货，使人民不做盗贼；不炫耀诱人贪欲的东西，使民心不被惑乱。

所以有道德的人治理国家，要净化人民的心灵，满足人民的温饱，削弱人民的心计，增强人民的体魄。使人民没有虚伪欺诈之智，没有争夺偷盗之心，这样，自作聪明的人就不敢妄为。以这种无为的态度处理国家大事，政治就一定能上轨道了。

老子甚至将儒家主张的礼和仁义等道德要求都看成文明的污染，祸乱的根源和不祥的征兆。他说：

夫礼者，忠信之薄，而乱之首。（《老子·三十八章》）

礼是什么？是忠信的不足，是祸乱的开端。

在儒家看来，礼是文明的结晶、象征和规范，因此孔子孟子荀子都非常重视"礼"，《论语》的主题就是"克己复礼"。道家的老子却认为礼的出现恰好意味着忠信的不足，意味着祸乱的开端。老子进而指出：

大道废，有仁义；

智慧出，有大伪；

六亲不和，有孝慈；

国家昏乱，有忠臣。（《老子·十八章》）

大道废弃，才提倡仁义；

智谋出现，才产生虚伪和欺诈；

家庭纠纷，才显出孝敬和慈爱；

国家昏乱，才看得出谁是忠臣。

这样看来，突出宣传忠臣孝子不一定是好兆头。在自然淳朴和谐的社会中，无所谓忠和孝，或者说每个人都自然地尽忠尽孝。只有六亲不和、家庭不睦了，内忧外患、国家昏乱了，才格外见出孝子忠臣的可贵。一个社会拼命提倡忠和孝的时候，往往就是出问题的时候，就是不忠不孝非常严重的时候。而一个社会之所以容易出问题，就是因为文明发展造成了物欲横流、争名逐利，造成了贪欲、虚伪、欺诈、盘算。因此老子坚定地认为：

> 绝圣弃智，民利百倍；
> 绝仁弃义，民复孝慈；
> 绝巧弃利，盗贼无有。
> ……
> 见素抱朴，少私寡欲，绝学无忧。（《老子·十九章》）

抛弃聪明和智谋，人民可以得到百倍的好处；

抛弃仁和义，人民可以恢复孝慈的本性；

抛弃欺诈取巧和唯利是图，盗贼就自然会消失。

保持质朴，减少私欲，抛弃那些教人欺诈虚伪的所谓学问，就没有忧虑了。

为了实现这样一种社会理想，老子在政治上主张小国寡民，也就是主张小政府，小社会乃至小国家，下面就是他的著名的政治设计：

> 小国寡民，使有什伯之器而不用；使民重死而不远徙；虽有舟舆，无所乘之；虽有甲兵，无所陈之；使民复结绳而用之；甘其食，美其服，安其居，乐其俗，邻国相望，鸡犬之声相闻，民至老死不相往来。（《老子·八十章》）

翻译出来就是：国土不大百姓不多，国家就应该是这种规模。即使有各种器具，却派不上用场；使百姓重视生命而不冒险向远方迁徙；虽然有船只车辆，却没有必要乘坐；虽然有铠甲武器，却无需摆出来炫耀武力；使百姓回到结绳记事的远古时代。百姓

有甜美的饮食，漂亮的衣服，舒适的居所，欢乐的习俗。邻国之间，人们互相都能看得见，鸡鸣狗吠的声音互相都能听得到，但百姓从生到死，都不会互相来往。

先秦时代的儒家道家墨家，都特别喜欢怀古，特别喜欢发思古之幽情，特别喜欢向往远古的黄金时代，并且一个赛一个地看谁向往的时代更古老。儒家、墨家向往的是尧舜时代，道家的怀古更彻底，一下子就要回到小国寡民、结绳记事的时代，那已经是原始社会了。老子经常强调贵柔守雌，还搞女性生殖器崇拜，他说：

谷神不死，是为玄牝。玄牝之门，是为天地根。（《老子·六章》）

意思是说，虚空的变化永不停歇，这就是微妙的母性。微妙的母性之门，是天地的根源。其实，"牝"就是女性生殖器，"玄牝"就是女性生殖器崇拜。再参考老子经常强调的"柔弱胜刚强"等，可以肯定老子的思想带有浓厚的母性文化色彩。从这一点来看，老子要回归的原始社会还是最早的母系氏族社会。为什么要回到那么早的时代呢？因为那是一个还没有被文明污染的时代，国家从领袖到百姓都是自然淳朴的。

法国大革命的精神领袖卢梭，在 18 世纪提出了一个著名看法：文明是人类罪恶的根源，人类为了拯救自己，应该回到自然状态。这个著名看法使卢梭名噪天下，但这个著名看法的基本精神早在中国的两千多年前，就已经由老子首先提出来了。

卢梭

不用说，老子提倡的理想社会，他的小国寡民的政治设计当然是痴人说梦。母系氏族社会的生产力低下得可怜，人们在大自然面前非常脆弱，不可能生活的那样滋润。司马迁在《史记》中早就对老子的复古主义提出了批评："神农以前吾不知矣。至若诗书所述，虞夏以来，耳目欲极声色之好，口欲穷刍豢之味，身安逸乐，而心矜夸势能之荣使；俗之渐民久矣。虽户说以眇论，终不能化。"（《史记·货殖列传》）

翻译成现代汉语就是：神农以前的情况我不知道，夏代以来的情况是，民众都想尽情地享受声色之欢，都想吃遍山珍海味，都想及时行乐，都想荣华富贵，这种追求已经风靡天下，化成民俗。你那种渺茫的议论怎么可能抗拒这种历史的潮流呢？

历史总是不断前进，文明总是不断发展，欲望总是不断膨胀，人心总是越来越复杂。用今天的话说，人民群众有不断增长的物质文化需求。老子要求小国寡民、少私寡欲当然是空想，但是，老子对自然淳朴和谐境界的憧憬是否毫无意义呢？

不是的。我们可以说老子的憧憬在政治上是空想，甚至很幼稚，但他对于人生境界的探求却总能够发人深省。冯友兰先生说老子的小国寡民表面上是在描绘一种社会状态，实际上是在谈一种精神境界。我同意这个看法。我甚至可以说，老子是借谈政治来谈人生，他的政治智慧通向人生智慧，下面就来谈老子的人生智慧。

老子的人生智慧

谈到老子的人生智慧，我想起了宋代大儒朱熹 PK 老子时说过的一句最狠的话："老子心最毒。"

为什么？

据朱熹的说明，老子表面上总说不争，实际上他内心深处正在和你争。他的不争是一种不争之争。不争只是手段，争才是目的。他的"柔弱胜刚强"正是这个意思。朱熹举例说，例如一个

125

人大吵大闹，大蹦大跳，要和老子叫板；老子只是退到一边去不作声，等到那个人精疲力尽了，老子已经养足了精气神，就可以反过来掌握主动权，从容不迫地收拾他。朱熹还说老子是个只占便宜、不肯做事的人，外面天翻地覆他都不动心，只是琢磨怎样保护自己，十分自私。这自然是在批评老子讲无为等等。

朱熹的批评有没有道理呢？儒家讲担当精神，讲杀身成仁，讲以天下为己任，讲知其不可为而为之，都正好和道家唱对台戏。从这个角度看，朱熹的批评当然有道理，但老子也有老子的道理。道不同，不相为谋，老子和同时代的孔子还能谈几句，和朱熹这样的理学家就无法交流了。

那么，老子的不争到底是什么意思呢？他的最有名的"柔弱胜刚强"又是什么意思呢？真的像朱熹说的那样阴险毒辣自私吗？

先来谈不争。

前些年日本出了本书，叫《日本可以说"不"》；过了几年，中国也有人出了本书，叫《中国可以说"不"》，"不"先生正经活跃了一阵子；后来又有人写了本书，叫《中国不当"不"先生》，这是对"不"先生说"不"了，抨击了"不"先生的狭隘民族主义。其实中国第一位"不"先生是老子，老子特别喜欢说"不"，也特别善于说"不"。一部《道德经》，满纸都是"不"字。

但老子说"不"，是发自深刻的人生体会和哲学思考，与今天那些炒作狭隘民族主义的"不"先生们根本不是一回事。

老子说"不"，最主要的意思确实就是"不争"。《老子》全书八十一章，有七章八处谈到"不争"，其他的"不"，不要这样，不要那样，都围绕着不争，或者说都从不争开始。老子关于不争的核心看法是：

夫惟不争，故天下莫能与之争。（《老子·二十二章》）

正因为不和人争，所以天下没有人和他争。或者说：

夫惟不争，故无尤。（《老子·八章》）

只因为有不争的美德，所以不招人怨恨。

那么总是不争，资源都被别人抢去了，我们还怎么活呢？

老子立刻安慰说：

天之道，不争而善胜。（《老子·七十三章》）

自然的规律，总是不争而善于得胜。

老子由此提出了他的著名的人生智慧：

柔弱胜刚强。

不争看来是柔弱，但最后获得胜利的还是柔弱的一方，不争的一方。

老子创立了两个理论来论证他的"柔弱胜刚强",一个是水的哲学,一个是婴儿哲学。先来看水的哲学,老子说:

上善若水,水善利万物而不争。(《老子·八章》)

最善的品性莫若水了,水善于滋润万物而不和万物相争。但是水却是最终的得胜者,老子进而指出:

天下莫柔弱于水,而攻坚强者莫之能胜。(《老子·七十八章》)

天地万物，没有比水更柔弱的了，但最能战胜坚强的东西就是它。

老子说的没错，我们常说的水滴石穿，就是这个道理。

再说婴儿哲学。

不言而喻，婴儿的特征也是柔弱。

老子却向往婴儿的境界，他说：

专气致柔，能如婴儿乎？（《老子·十章》）

凝聚精气以致柔弱，能进入婴儿的境界吗？

为什么要进入婴儿的境界呢？原来婴儿是这样的：

含德之厚，比于赤子。毒虫不螫，猛兽不据，攫鸟不搏。骨弱筋柔而握固，未知牝牡之合而朘作，精之致也。终日号而不嗄，和之致也。（《老子·五十五章》）

翻译成现在的话就是：道德修养的深厚，好比刚刚诞生的婴儿，毒虫、猛兽、凶鸟都不伤害他。你看他那可爱的样子，筋骨柔弱小拳头却握得紧紧的，他当然还不知道男女交合这回事，小鸡鸡却经常硬硬地勃起。这是什么缘故呢？这是精气充足的缘故。你看他整天号哭，嗓子却不会沙哑，这是元气纯和的缘故。

万物中，水最柔弱；人类中，婴儿最柔弱。但就是水和婴儿的柔弱却体现了自然的纯真，因此也体现了自然的力量——自然的潜力、自然的魅力和自然的生命力。

对立的一面，也就是刚强的一面，是什么情况呢？老子认为：

物壮则老。（《老子·五十五章》）

任何事物过于强壮就会走向衰老，容易消亡。他先举自然界的例子说：

飘风不终朝，骤雨不终日。孰为此者？天地。天地尚不能久，而况于人乎？（《老子·二十三章》）

道家的智慧

老子的智慧

狂风刮不了一早晨，暴雨下不了一整天。是谁造成这种情况？是天地。天地的狂暴都不能持久，何况人呢？

老子又举人世间的例子说：

人之生也柔弱，其死也坚强。（《老子·七十六章》）

你看人的生死，活着时身体是柔软的，死的时候就变成僵硬的了。

老子更尖锐地指出：

强梁者不得其死。（《老子·四十二章》）

意思是强暴的人不得好死。

最后老子得出结论：

天下之至柔，

驰骋天下之至坚。

无有入无间。

吾是以知无为之有益。（《老子·四十三章》）

这段话的意思是：

天下最柔软的东西，

驾驭天下最坚硬的东西；

无形的力量能够穿透没有间隙的东西。

我由此知道"无为"的好处。

老子的"柔弱胜刚强"，显然很有道理。我们知道，生活中一切缓冲的举措，都是运用了这个原理。软着陆的说法不是很流行吗？那是典型的柔弱胜刚强。

那么，从老子的"不争"到"柔弱胜刚强"，是否像朱熹批评的那样，不争是为了争，以不争为争，骨子里是要使劲和你争，彻底和你争呢？好像有这个意思，既然是柔弱胜刚强，还是要胜嘛！

老子在这个问题上似乎有些老谋深算。例如，他说：

天长地久。天地所以能长且久者，以其不自生，故能长生。是以圣人后其身而身先，外其身而身存。非以其无私邪？（《老子·七章》）

用现在的话说就是：天长地久。天地所以能够长久，乃是因为它们的一切运行都不是为自己，所以能够长久。

因此圣人凡事不当头，不扛旗，不抢先，反而能赢得爱戴。碰到利益置身度外，反而能保全自己。这不正是由于他不自私，反而能够成其私吗？老子又说：

章太炎

是以圣人终不为大，故能成其大。（《老子·六十三章》）

因此圣人从来不自大，所以能够成其大。

这是不是以退为进，吃小亏占大便宜，或者用老子自己的话说"将欲夺之，必固与之"呢？有人更由此认为老子是阴谋家。清末民初的大思想家章太炎就说老子"为后世阴谋者法"，是后世阴谋家的榜样。

如果再恶搞一下老子，老子的柔弱胜刚强，或者说不争哲学，说得好听，是君子大度，谦卑礼让，虚怀若谷；说得难听，就是装孙子，以求一逞。春秋有孙子兵法，还有孙子哲学。老子的哲

学就是孙子哲学，不过是装孙子。

这种恶搞朱熹肯定爱听，因为给他出了气，尽管他是一本正经的理学家。

但问题没有这么简单。如果仅仅把老子的不争哲学或者"柔弱胜刚强"理解为装孙子，是以退为进的狡诈伎俩，甚至是某种阴谋，就抹煞了老子智慧的文化深度，就是把老子妖魔化了。如果是在今天，老子不告你，他的亲友和学生也要告你诽谤和侮辱人格。那么老子的深度何在？

前面我说过，老子是搞历史的出身，当过周朝的国史馆馆长。当时的官名叫柱下史。因为这个官上朝时站立的位置是大殿的一根柱子旁，因此被称为"柱下史"。老子担任过周朝的柱下史，后来有人就把老子这个人和《老子》这本书称为"柱下"。历史的经验值得注意，老子既然是搞历史的，对历史的经验自然十分注意。前面我曾引《汉书》的话说："道家者流，盖出于史官，历记成败、存亡、祸福、古今之道。"

历史的经验教训就是"成败、存亡、祸福"。老子最懂历史，出于职业的敏感，他始终关注着历史的成败、存亡、祸福，他最清楚历史的无情、诡诈、血腥、黑暗和防不胜防的阴谋。成者为王，败者为寇，这就是历史的定义；"乱哄哄你方唱罢我登场"，这就是历史的现场；"旧时王谢堂前燕，飞入寻常百姓家"，这就是历史的安排；"滚滚长江东逝水，浪花淘尽英雄"，这就是历史的命运。历史中最得意的君王阶层又往往是最悲惨的历史牺牲，所谓刀光血影帝王家。你从春秋战国一路看过去，一直看到明清帝国，哪一个王朝不是在杀戮的循环中血腥登场。改朝换代不用说，就是在任何一个王朝内，臣废了君，子害了父，亲骨肉互相残杀，不正是王朝新闻的永不厌倦的主题吗？不正是宫廷内的日常生活吗？因此，苏东坡说："高处不胜寒。"真实的历史，真的比电影还电影，比电视剧还电视剧。老黑格尔曾说：东方专制国家只有一个人有自由。这个人的自由也不能是真自由，因为他生活在猜忌、虚伪、仇视和恐怖中，他不仅遭到来自政敌的挑战，而且还遭到来自亲人的暗算。我们去看黄仁宇的《万历十五年》，看那个皇帝当的有多遭罪。

但人的贪欲一旦养成，是很难抑制的。贪欲的最高形式，就是对最高权力的欲望，也就是对皇权的欲望。想当皇帝的欲望烧得人疯狂，烧得人失去理智，失去做人的起码良知。还拿曹操为例。曹操为什么害死荀彧？这个荀彧本来是袁绍的部下，他看曹操能成大事，才离开袁绍投靠了曹操，一生为曹操出了很多好主意，差不多成了曹操的参谋总长。曹操本来对他也很信任，很器重，称他是自己的张子房，像刘邦尊重张良那样尊重他。但就因为荀彧不赞成曹操封国公，享受国家最高领导人的待遇，还给曹操讲了一番忠于汉室的大道理，曹操就不露痕迹地害死了他。手段是赠他一盒食物，荀彧打开盒子一看，里面什么也没有，他立刻就明白了，于是吃毒药自尽。荀彧看来是明白得晚了点，他没有想到，早就挟天子以令诸侯的曹操，怎么可能屈居汉室之臣？欲望总是贪得无厌，政治的贪欲更是如此！在攫取最高权力的道路上，一切反对者，不管他是谁，他曾经是你什么样的亲人，他曾经对你如何有恩，如何重要，如何有贡献，都只能除之而后快。荀彧死后第二年，曹操就称了魏公。但他称了魏公又怎么样呢？你看到了曹氏家族怎样篡夺了汉的政权，怎样欺负汉代的刘姓皇帝，你就看到了司马氏家族怎样推翻了魏的政权，怎样欺负魏国的曹姓皇帝，你会感到司马氏绝对是克隆了曹氏的凶残和冷酷。真的好像苍天有眼，报应不爽，简直是一丝不苟的报应，其实这就是历史的规律，历史就是这样在不断重演。

冯友兰先生曾经赠给李泽厚先生一副对联，上联是：西学为体，中学为用。下联是：刚日读史，柔日读经。下联的八个字取自曾国藩，但有所改动。曾国藩原来的对联是：刚日读经，柔日

冯友兰

读史；怒而写竹，喜而绘兰。我们且不管冯先生的上联，也不管曾国藩，更不用管刚、柔原来的意思，那都无关宏旨，和我要谈的没有重要联系。就看这"刚日读史，柔日读经"，真是有深意，耐琢磨。

李泽厚

什么叫刚日读史，为什么要刚日读史？我的心得是，刚日就是一个人剑拔弩张、志得意满的时候，这个时候要读读史，历史的沉重阴暗会使你清醒冷静，不至于得意忘形。什么叫柔日读经，为什么要柔日读经？柔日就是一个人消沉萎靡的时候，这个时候读读经，经典的道德呼唤会使你振作昂扬，不至于得抑郁症。

老子正是由于深通历史的兴亡教训，才告诫人们要学会韬光养晦，要学会谦卑不争，要学会不为天下先，懂得柔弱胜刚强。这样搞政治的才不至于身死非命，老百姓也才能过上安稳日子。例如，老子这样总结历史教训：

> 持而盈之，不如其已；
>
> 揣而锐之，不可长保。
>
> 金玉满堂，莫之能守；
>
> 富贵而骄，自遗其咎。
>
> 功遂身退，天之道也。（《老子·九章》）

翻译成现在的话就是：

占有太多，不如适可而止；

锋芒毕露，势头难保长久。

金玉满堂，无法永远拥有；

富贵而骄，难免自取祸殃。

功成身退，才合于自然的大道。

功成身退，是老子深刻总结历史而形成的大智慧。一部历史，有多少位不懂得功成身退的元勋重臣身败名裂，死于非命？赵匡胤杯酒释兵权是最客气、最文明的了。我们都知道越王勾践卧薪尝胆的故事。

勾践复仇有两个人为他出生入死，帮了大忙，起了决定性的作用。这两个人一位是范蠡，一位是文仲。

范蠡深知功成身退的道理，深知"大名之下，难以久居"的道理，帮助勾践复国后，他十分清楚勾践这个人"长颈鸟嘴，鹰眼狼步，可以共患难，不可以共安乐"，他立刻提出辞职，弃官从商，带着越国选美的冠军西施回归江湖，做买卖还发了大财。金钱美女，得其所哉！后来唐代诗人汪遵写《五湖》诗赞扬范蠡说："已立平吴霸越功，片帆高扬五湖风。不知战国官荣者，谁似陶朱得始终。"范蠡临行前曾写信给文仲，劝他说"飞鸟尽，良弓藏；狡兔死，良犬烹"，不及时地功成身退，终有一天要被勾践杀害。但文仲还傻乎乎地跟在勾践身边，毕竟功高震主，遭勾践嫉恨，不久就找了个借口杀害了他。

西施

是非成败转头空。

青山依旧在，几度夕阳红？

当我们发出这样的历史感慨时，再谈到老子主张的功成身退，似乎就不能再说他以不争为争，心最毒等等。他主张功成身退，其实就是主张从险象环生、杀机四伏的政治舞台回归平民生活，投身自然境界。这种追求和不负责任、没有担当精神扯不到一起去。儒家不是也讲"达则兼济天下，穷则独善其身"吗？"邦有道，则仕；邦无道，则隐"。国家政治清明，就出来做贡献。国家政治黑暗，不愿同流合污，就退隐江湖。孔子甚至说，"道不行，乘桴浮于海"。政治理想不能实现，干脆出国移民了。

老子的大智慧更在于他深通历史人生的辩证法，请听他的悟道之言：

> 祸兮福之所倚，福兮祸之所伏，孰知其极？其无正也。正复为奇，善复为妖。人之迷，其日固久。是以圣人方而不割，廉而不刿，直而不肆，光而不耀。（《老子·五十八章》）

意思是：灾祸旁边就是幸福，幸福里面藏着灾祸。有谁能明白它们的奥秘？它们根本就没有一个明确的标准。正忽然变成了

邪，善忽然变成了恶，这已经成了人们永远解不开的迷惑。因此，圣人总是十分谨慎，他正直但不得罪人，精明但不伤害人，坦诚直率但不肆无忌惮，心地光明但不惹人注目。

这样做人似乎也不能说是以不争为争，心最毒等等。面对复杂多变的人生，深不可测的社会，明争暗斗的职场（我们叫工作岗位），更需要的还是通达睿智、深思熟虑、谦卑宽容、绅士风度、有理有节，而老子天下第一、刚愎自用、咋咋唬唬、不知利害、不管轻重，能不误事吗？

苏东坡在《留侯论》里说："古之所谓豪杰之士，必有过人之节，人情有所不能忍者。匹夫见辱，拔剑而起，挺身而斗，此不足为勇也。天下有大勇者，卒然临之而不惊，无故加之而不怒，此其所挟持者甚大，而其志甚远也。"

古代所谓英雄豪杰，一定有超过普通人的修养，一定有一般人所不能忍受的度量。凡夫俗子，一旦遭到侮辱，立刻就拔剑而起，挺身而斗，这不能算是勇敢。天下真正有大勇的人，意外突然降临而不惊慌，无缘无故地侮辱他，也不发怒。这是由于他有伟大的抱负，又有高远的志向。

《留侯论》这段议论，充满了老子的精神，闪烁着老子的智慧。

张良能成大事，从他能为黄石公数次捡鞋出发；韩信挂帅封侯，从他能从容地接受胯下之辱开始。

但最能体现老子的文化深度和博大襟怀的，还是老子下面的这段话：

明白四达，能无知乎。生之蓄之，生而不有，为而不恃，长而不宰，是谓玄德。（《老子·十章》）

意思是：懂得天地万物的大道理，可以不用心机吗？它生成万物，蓄养万物，但生成而不占有，养育而不依靠，引导而不主宰，这就是自然之德。

老子非常重视"生而不有，为而不恃，长而不宰"，也就是生成而不占有，养育而不依靠，引导而不主宰。《道德经》第十章和第五十一章两次重复强调了这个思想。那么，都已经"生而不有，为而不恃，长而不宰"了，还能说他是投机取巧，以不争为争，心最毒吗？

罗素

其实，最能理解老子智慧的是一个英国人，这个人叫罗素，是上个世纪世界级的大哲学家。他在上世纪 20 年代到中国讲学时，非常赞赏地提到老子的"生而不有，为而不恃，长而不宰"，并谈心得说：人类的本能有两种冲动：一种是占有的冲动，一种是创造的冲动。占有的冲动，是要把某种事物据为己有。这些事物的性质是有限的，排他的，是不能兼容的。例如，经济上的利益，甲多得一部分，乙丙丁就丧失了一部分；政治上的权力，甲多占一部分，乙丙丁就丧失了一部分。这种冲动强烈起来，人类便天天陷于互相争夺、互相残杀，所以这不是好的冲动，应该加以制约。创造的冲动正好和它相反，是要把某种事物创造出来，与大众共同占有。这些事物的性质，是无限的、共享的、兼容的。例如，哲学、科学、文学、美术、音乐，任凭每个人自由创造。创造者将自己的创造传播给他人，自己却没有丧失什么。如果得到大众的认可和共鸣，更是感到无比快乐。这种冲动发达起来，人类便天天进化。所以这是好的冲动，是应该提倡的。

罗素认为老子的"生而不有，为而不恃，长而不宰"，就是提倡创造的冲动，是十分有益的哲学。

话到这里，我们对老子就能多几分理解，少几分责难了。

老子在自己的《道德经》八十一章，也就是最后一章的最后总结中说：

圣人不积，既以为人己愈有，既以与人己愈多。天之道利而不害，人之道为而不争。（《老子·八十一章》）

意思是：圣人不中饱私囊，他尽量帮助别人，自己反而更加充足；他尽量给与别人，自己反而更加丰富。自然的规律，利物而无害；人间的法则，施为而不争。

这个最后总结也算是老子为自己彻底地翻了个案，在某种程度上也证实了罗素对老子的认识。

我们再重复其中的两句：

既以为人己愈有，既以与人己愈多。

他尽量帮助别人，自己反而更加充足；他尽量给与别人，自己反而更加丰富。这不正是罗素说的创造的冲动吗？

当然，老子确实说了许多好像很无情的话，谈到权术，他也针针见血，令人齿冷。他说的"将欲歙之，必固张之；将欲弱之，必固强之；将欲废之，必固兴之；将欲夺之,必固与之。"（《老子·

三十六章》），道尽了人间的心机，不仅是军事智慧，也是政治智慧和人生智慧。老子的本意是揭示历史、政治和人生的本来面目，但本来面目太可怕了，老子揭示出来，未免令人毛骨悚然，也令小人想入非非，所谓"小人行险以侥幸"，这就产生了副作用。

温家宝总理探望季羡林先生，季老有言：假话全不说，真话不全说。温总理补充得也十分到位：由于环境、条件的限制，有些真话也不能说。有深意啊！有深意！老子就是真话说的太多，以致有诲盗之嫌，所谓教猱升木，教唆坏人干坏事。就像现在的警匪片，你既不应该把侦破的方法交代得太清楚，也不应该把犯罪的手段描绘得太具体。君子看了倒无妨，小人看了既增强了反侦查能力，又学会了犯罪伎俩，这岂不贻害无穷？

季羡林

那么，老子为什么喜欢那样毫无忌讳地说真话呢？把老子和孔子比较一下，很有意思。老子敢于什么都说，和自己的角色定位有关。老子尽管也从过政，但后来就成了彻底的在野党，一心一意做隐士，没有丝毫名利观念，所以敢大胆说话，经常讲些不同政见，经常揭穿政界老底。孔子呢，却总想做官，所谓"三月无君，则皇皇如也"，三个月得不到君主的召唤，就惶惶不安了。这样，他怎么敢像老子那样大胆说话？当然，孔子要做官，也是为了黎民百姓，决不是为了自己升官发财。但要做官就必须遵守官场的游戏规则，其中怎样讲话，讲什么话，就不能不斟酌了。

但老子和孔子最大的不同，是孔子只关心、只讨论伦理政治问题，也就是人间问题，而老子还关心、还讨论宇宙问题。孔子这里是"夫子之言性与天道不可得而闻也"，意思是说，没听到过孔子就万物本性和宇宙原理的问题发表意见。但老子就大不一样，他关于宇宙的看法构成了中国智慧最有哲学味道的层面。下面就谈谈老子的宇宙智慧。

老子的宇宙智慧

老子的宇宙智慧，是老子智慧的制高点，前面所谈的军事智慧、政治智慧、人生智慧，都归本于宇宙智慧，都以宇宙智慧为纲。老子的宇宙智慧，也是特给中国人提气的智慧。有了他的宇宙智慧，中国哲学和世界上的任何哲学相比，就都毫不逊色了。

老子是道家的创始人。道家之所以被称为道家，就是因为它把道当作核心的范畴。老子宇宙智慧关注的焦点，就是对道的定位。老子讲道，给道定位，有三个意思十分重要：一是道的本质，二是道的作用，三是道的规律。

什么是道的本质？老子说：

人法地，

地法天，

天法道，

"道"法自然。（《老子·二十五章》）

意思是：人取法于地，地取法于天，天取法于道，道取法于自然。道法自然，这就是道的本质。

道家的智慧 老子的智慧

老子这样描绘道的存在：

有物混成，先天地生。

寂兮寥兮，

独立而不改，

周行而不殆，

可以为天地母。

吾不知其名，

强字之曰"道"，

强为之名曰"大"。

大曰逝，逝曰远，远曰反。（《老子·二十五章》）

这是什么意思呢?

有一个浑然一体的东西,在天地形成以前就存在。听不见它的声音,也看不到它的形体。它独立长存,永不衰竭,它循环运行,生生不息。它就是天地万物的根源。我不知道它的名字,勉强称它为"道";再勉强称它为"大"。它广大无边而周流不息,周流不息而伸展遥远,伸展遥远又返回本原。

老子说的道,从威力上看,和基督教信奉的上帝一样,无处不在,无时不在,无所不能,是一切存在的来源,也是一切价值的来源,但老子说的道又和基督教的上帝有着根本的区别:道不是一个人格化的神,不是那位形体和人一样(因为上帝按自己的模样造人),有灵魂有意志有性格的最高存在。老子说的道,原来就是自然的体现,自然的化身。李白有诗:"谁挥鞭策驱四运,万物兴歇皆自然。"说的就是这个自然。在这里,我们想到老子反复强调的自然无为。道是自然的,自然是无为的,无为而无不为,这就是道啊!

道的本质就是自然。老子用自然解释道、规定道,这个道就不是神秘的存在,就不是高不可攀的主宰,而是孕育着我们,也为我们所拥有;托载着我们,又在我们之中,和我们的生命息息相关,它就居住在我们那亲切、可靠的天地家园。

什么是道的作用? 老子说:

"道"生一,

一生二,

二生三,

三生万物。

万物负阴而抱阳,

冲气以为和。(《老子·四十二章》)

道生成圆满和谐的一,

道家的智慧

老子的智慧

从这个一中生成阴阳二气，

阴阳二气的交融生成第三种状态，形成新的圆满和谐，

从三的圆满和谐中生成天地万物。

天地万物都背阴而向阳，在阴阳二气的互相激荡中再生成新的圆满和谐。

　　道的作用就是生成宇宙，就是安排一个和谐的世界。这是老子的宇宙生成论。"道生一，一生二，二生三，三生万物"，这中国语言特有的激情递进，孕育着宏大的力量，崇高的气势，它使我们想起《圣经》中上帝创造世界的时候所说：

　　要有光，于是就有了光。

　　上帝的口里只轻轻地吐出三个字，"要有光"，我们这个宇宙就拥有了灿烂的日月星辰，天空和大地就充满光明。多么崇高的

力量！多么激动人心的力量！

老子讲"道生一"，也是三个字，也蕴藏着无穷的力量和气势，同样崇高，同样激动人心。那是宇宙的开始，那预示着一个和谐世界即将诞生。

那么，道的规律是什么？我们怎样认识它？老子说：

反者"道"之动。（《老子·四十章》）

"反者'道'之动"，这就是道的规律。反就是相反，老子认为，相反才能相成。相反相成，也就是对立统一决定着天地万物的运行。现在我明白了，黑格尔为什么那样赞赏老子，就因为对立统一的辩证法本来是黑格尔的独门功夫、看家本领，而老子早在两千多年前就提出了对立统一的辩证法，并把这个辩证法确立为最高存在的规律、宇宙的规律、道的规律。

老子最善于从相反的角度看问题，最善于逆向思维，有时还来点儿脑筋急转弯，就连正面的话他也要反面说，用他的话说，就是"正言若反"。但最精彩的还是他的对立统一。

看他怎样说：

有无相生，难易相成，长短相形，高下相盈，音声相和，前后相随，恒也。（《老子·二章》）

有和无互相生成，难和易互相完成，长和短互相形成，高和下互相包含，音和声互相调和，前和后互相跟随。这是不变的道理。

这里我们只挑出"有"和"无"简单地讨论一下。有和无的问题在老子哲学中是十分重要的问题，它涉及到老子的宇宙生成论。在有和无的关系中，老子更重视无。他说：

无，名天地之始；

有，名万物之母。（《老子·一章》）

无是天地的开始，有是万物的根源。

那么，无和有谁先谁后呢？尽管老子也讲有无相生，就是说，有离开无无法有，无离开有无法无，但老子还是认为无在先，有在后。他说：

天下万物生于有，有生于无。（《老子·四十章》）

需要交代的是，在老子这里，无还有空的意思，他非常强调这个空无的价值，例如，他举例说：

三十辐共一毂，当其无，有车之用。埏埴以为器，当其无，有器之用。凿户牖以为室，当其无，有室之用。故有之以为利，无之以为用。（《老子·十一章》）

三十根车条汇集到一个车毂当中，有了车毂中空的地方，才能放车轴，车轮才能转起来。糅合陶土做锅碗瓢盆，有了锅碗瓢盆中空的地方，它们才能用来盛东西。开凿门窗建造房屋，有了四壁围着的空间，房屋才能住进去。

但老子举的所有例子，都不能说无比有更重要。房地产商卖房子，还是卖那个有。售楼小姐循循善诱地向你介绍的，总还是我这墙是用什么材料造的，我这石头是从哪儿运来的，我这地板是从哪儿进口的，我这柱子又是什么风格等等，等等。因此，还是说"有无相生"更稳妥。

老子重视相反相成，对立统一，也就是矛盾的对立面的相互

151

转化，当然是一种大智慧，但过于突出这个智慧，也容易造成相对主义的流弊。正像流行歌曲《老子说》中所唱：输和赢其实都差不多。输和赢怎么能差不多？拿这话去到赌场说——输红了眼的赌徒不和你拼命才怪。

由于老子总是说反话，正面文章也反面做，有时还玩儿点脑筋急转弯，这样很多人都不理解他。老子似乎也预感到自己的思想以后要遭人误解，甚至遭人嘲笑，于是他先堵住别人的嘴。他说：

上士闻道，勤而行之；中士闻道，若存若亡；下士闻道，大笑之，不笑不足以为道。（《老子·四十一章》）

这段话的意思是说：上等智商的人听了我说的道，努力实践；中等智商的人听了我说的道，半信半疑；下等智商的人听了我说的道，哈哈大笑。但是，不被嘲笑，那就不是道了！

看谁还敢嘲笑老子！嘲笑他就是智商有问题了。

最后，老子还有一句打穿后壁、说到底儿的话值得介绍，这就是：

> 吾所以有大患者，为吾有身。及吾无身，吾有何患？（《老子·十三章》）

我所以有大患，是因为我有这个身体；我如果没有这个身体，那么又何患之有呢？

这句话已经透出了佛家的信息。《老子化胡》固然是虚构的故事，但佛教徒为什么编老子化胡，而不编孔子化胡、孟子化胡，也还是有所考虑的。

《老子》开篇第一句就说："道可道，非常道。"可以谈论的道，不是道。佛家说："不可思议。"后来陶渊明有诗云："此中有真意，欲辨已忘言。"都是说真正的大道用语言是无法参透，无法讲明白的。这样看来，我们讲了半天老子算是白讲了。老子自己确实说过："知者不言，言者不知。"（《老子·五十六章》）这真如老子说：讲和不讲，其实都差不多。

将相对主义发挥到极致的，却是老子事业的继承者，同样大名鼎鼎的庄子。下面就谈谈庄子的智慧。

庄子的智慧

庄子说："生和死其实都差不多。"

在老子那里，善和恶其实都差不多，祸和福其实都差不多。这种相对主义到了老子事业的继承者庄子那里，就发展到了极致。庄子说："方生方死，方死方生。"（《齐物论》）连生和死都相对到了一起，看来，《老子说》之外还可以编一部《庄子说》。庄子说："生和死其实都差不多。"因此庄子老婆死后，庄子居然敲着瓦盆唱歌，庆贺老婆回归自然。后来庄子的粉丝、晋朝的大酒鬼刘伶走到哪儿都让人带把铁锹跟着，说我在哪儿死了，你就在哪儿把

我埋掉。把死根本不当回事。但到了东晋，那位中国最伟大的书法家王羲之就批评庄子说："故知一死生为虚诞，齐彭殇为妄作。"（《兰亭集序》）这里的彭指彭祖，是古代著名的老寿星，相传他活了八百多岁；而殇则是夭折的意思。王羲之的意思是，把死亡和生存当成一回事是荒唐的，把长寿和短命当成一回事也是虚妄的。这位书圣感慨说："死生亦大矣，岂不痛哉？"（《兰亭集序》）死和生是人生大事呀，怎么能不为之悲痛伤怀？王羲之的话，好像更能引起共鸣。

当然，谈到庄子，他把生死看成一回事还不仅仅是相对主义，其中有文化的深层含义。庄子继承了老子道法自然的宇宙智慧，从自然的角度理解生死，更从自然的角度超越生死。从自然的大道来看，有生就有死，不是最正常的事吗？如果有生无死，反倒坏事了！那人口问题就不是计划生育能够解决的了。春秋时期，齐国的国君齐景公有一次到城外公款旅游，饱览自己国家的山川秀色，突然伤心落泪，对大臣们说："我的国家这样美，我却不能永远拥有，因为随着时光的流逝，我总有死的一天。能够长生不死该多好啊！"他的大臣们听了连忙也陪着一块儿流泪，边流泪边说："大王哭的好英明呀！连我们这些卑贱的人一想到死都要伤心落泪，都觉得活着好呢，何况大王您呢！"只有晏子在一旁发笑。齐景公问晏子，别人都在哭，为什么你一个人笑？晏子回答说："如果您的先祖们也像您这样想，都能长生不死，还轮得到你在这里做国君吗？正是由于您那些当国君的先祖一个一个死去，才轮到您坐在国君的位子上。您却要为此而流泪，这能不令人发笑吗？"齐景公倒是很民主，听了晏子的话觉得有道理，立刻自我批评，还命令那些和他一起流泪的大臣们一起喝罚酒。

当然，话虽如此，碰到生关死劫，我们还是要像王羲之那样，岂不痛哉！我们还是要不断地感慨浮生若梦，为欢几何？感慨时光飞逝，又不道流年暗中偷换，感慨多少青春已不再，多少情怀已更改。

为什么呢？因为我们都是凡人，凡人就有凡人的喜怒哀乐。特别是我们中国人最能清醒地认识到人生的一次性，就是人只能活一次，因此讲究好死不如赖活着，十分珍视人生，十分珍视这辈子。千年等一回，等的也是这辈子，所谓只羡鸳鸯不羡仙，"起舞弄清影，何似在人间"，"在人间已是癫，何苦要上青天，不如温柔同眠"。但这种人生观的代价就是跳不出生死劫，面临死亡的问题总是惶惑不已，无法解脱。

庄子提出同生死，庄子说生和死其实都差不多，就是要进入一种不为生死所累的自由境界。

你看他借一个骷髅之口对死的赞颂：

死，无君于上，无臣于下；亦无四时之事，从然以天地为春秋，虽南面王乐，不能过也。（《庄子·至乐》）

翻译成现代汉语就是，死是一种什么样的状态呢？上面没有领导再欺负你，下面没有同事再算计你，也没有一年四季的烦心事。从容地在天地间来来往往，悠然地度春秋，就是当皇帝，也得不到这种快乐呀！

这哪里是在提倡宗教式的死的寂灭解脱，这分明是在高扬一种审美式的人生自由境界。这不就是神仙吗？道教的神仙和基督教、伊斯兰教、佛教的神都不一样，基督教、伊斯兰教、佛教的宗教智慧都认为人的生活世界充满种种缺陷，将人这一辈子视为罪孽，当然不可能实现不朽或永生，不朽或永生都只能在另外一个神圣的世界里实现，它是上帝之城、天国或者极乐世界。中国唯一土生土长的道教尽管也是宗教，但却渗透了中国文化的精神，也就是珍视人生的精神。因此道教的神仙和其他宗教的神都不一样，他不是抛弃这个现实世界，他就在这个现实世界中追求永恒，追求不朽，他要的是长生不死，他讲的是"此身不向今生度，更向何生度此身"？神仙就是长生不死的人。我们看庄子谈死，其实就是谈自由的生。这样的死，已经不仅是死和生其实都差不多，而是超越了世俗的不自由的生，超越了名缰利锁，超越了种种人间的羁绊，而进入自由的、无拘束的境界。

这个境界，庄子把它叫做"逍遥游"。

逍遥游，蝴蝶梦

逍遥游是一种什么状态？逍遥游就是"乘云气，骑日月"，"游乎四海之外"。也就是腾云驾雾，骑在太阳和月亮上，做航天飞行，体会"天地与我并生，而万物与我为一"，天地和我一起长生，万物和我融为一体，这是多么壮观的境界。什么人才能达到这个境界，只有"神人"。庄子说的这个神人，就是以后道教神仙的原型。由于庄子对道教的理论贡献非常大，所以《庄子》一书就和老子的《道德经》一样，成了道教的圣经。《道德经》被道教徒称为《道德真经》，《庄子》被道教徒称为《南华真经》。为什么叫《南华真经》，因为唐玄宗封庄子为"南华真人"，《庄子》这本书就变成了《南华真经》。

回过头来再说逍遥游。逍遥游又像做梦一样，庄子做了一个非常美丽的梦，梦见自己变成了蝴蝶，翩翩飞舞，也不小心前面

带刺的玫瑰。梦醒后，他感到非常迷惑：

不知周之梦为蝴蝶与，蝴蝶之梦为周与？（《庄子·齐物论》）

是庄周做梦变成了蝴蝶呢，还是蝴蝶做梦变成了庄周？我是蝴蝶呢，还是蝴蝶是我？蝴蝶和庄周，究竟哪一个才是我的真身呢？

多么美丽，多么迷惘的胡思乱想。这真的又如庄子说：梦和醒其实都差不多。

后来唐代大诗人李商隐就写诗道："庄生晓梦迷蝴蝶"。

庄子的这个梦是个很哲学的梦，那蝴蝶也是只很深刻的蝴蝶。庄子是想通过这个寓言，比喻万物一体，蝴蝶和庄周其实也差不多。

说来说去又回到了相对主义。庄子就是想通过这种相对主义，来宣传"齐物我，同生死"。超利害，也就是物和我其实都差不多，生和死其实都差不多，利和害其实都差不多，然后超越这一切，实现逍遥游，追求绝对自由的精神境界。

但庄子为什么梦见的是蝴蝶，而不是蟑螂呢？

想一想，如果庄子梦见的是蟑螂，醒来后还会发愣，念叨什么"我是蟑螂呢，还是蟑螂是我"吗？

庄子之所以梦见蝴蝶，而不梦见蟑螂，就因为蝴蝶是美丽的，而蟑螂是丑恶的。

再想想历史上美丽风流的故事，为什么都拿蝴蝶做形象大使，而不拿蟑螂或臭虫做形象大使？

你看梁祝化蝶的凄美，较之罗密欧与朱丽叶横尸冰冷的墓穴，梁祝的化蝶，加上了中国人特有的那种寄托和祝福，冲淡了恐怖的悲剧性，虽虚幻但却令人遐想，更浪漫，也更令人心碎。

欧阳修的风流蝴蝶别有一番情致："江南蝶，斜日一双双。身似何郎全敷粉，心如韩寿爱偷香。天赋与轻狂。微雨后，薄翅腻

烟光。才伴游蜂来小院，又随飞絮过东墙，长是为花忙。"

虽风流仍不失一种古典的韵味。

到了今天，就有庞龙的《两只蝴蝶》，"亲爱的，你慢慢飞"，这回是要"小心前面带刺的玫瑰"，有执著，有关切，有真情，但总是脱不掉那种现代的轻浅、直率，为赋新诗强说愁的味道。

就连西方也有歌剧《蝴蝶夫人》，大名鼎鼎的普契尼的杰作。

但必须是蝴蝶，而不能是蟑螂、臭虫、跳蚤。庄子只能梦见自己变成蝴蝶，而不能梦见自己变成蟑螂。庞龙唱的也必须是"两只蝴蝶"，而不能是"两只蟑螂"。"亲爱的，你慢慢爬，小心前面灭蟑灵把你杀"，这样就太煞风景了。为什么？里面有很深的美学道理，它体现了美的形式的普遍性和永恒性，体现了时代差异中的不变追求。但在这里，我们只是强调：它意味着相对主义的破产。蝴蝶和蟑螂，不能说其实都差不多。

同样，我们也不能说爱和恨其实都差不多，是和非其实都差不多，民主和专制其实都差不多，君子和小人其实都差不多，清官和贪官其实都差不多，爱国者和卖国贼其实都差不多，这就出大问题了。我说现在有的电视剧怎么专门替汉奸翻案呢！还有吃儒家饭的居然也一本正经、大言不惭地为汉奸如何不是汉奸而摇唇鼓舌地辩护。

这也许就是后现代？后现代的大旗上不是写着"怎么都行"吗！

庄子是美学家

回到庄子，庄子原来是一位美学家。如果说老子是彻底的理性主义者，庄子则是彻底的艺术主义者。老子关心政治，庄子也不能说绝对地不关心，例如，他的社会批判也十分犀利："彼窃钩者诛，窃国者为诸侯"（《胠箧》）。那偷了一个小钩子的贼竟被处死，那偷了整个国家的窃国大盗就成了诸侯。庄子这句话使我想起了西方一句类似的谚语："你偷一块钱，送你进监狱；你偷一条铁路，选你当参议员。"旧时代的统治者，多半是大强盗、大流氓、大无赖、大恶棍，从秦始皇到袁世凯，有几个例外？

但庄子批判完了就专注于他的人生哲学，不再谈什么治国平天下，不像老子，献计献策，不厌其详地出主意，结果还遭人误解，说他心最毒。

　　庄子比老子看得还透，他认为政治根本就没救了，把宰相这样的高官都当作死老鼠。他的朋友惠施当了魏国的宰相，庄子启程去看他。有小人向惠施挑拨说庄子是来撬行的。惠施听了很惊慌，到处搜捕庄子。庄子却自己找上门去，给惠施讲了个故事：南方有一种神鸟叫鹓鹐，和凤凰一样高贵。一次，鹓鹐从南海出发，到北海旅游。旅途上，只在高高的梧桐树上休息，不是珍稀的果实不吃，不是甘甜的泉水不喝。一天，它在天空看见地面有一只猫头鹰正在贪婪地吃一只腐烂的死老鼠，这只猫头鹰抬头看到鹓鶵，以为它要和自己争夺死老鼠，立刻就竖起羽毛，怒目而视，厉声喝叫，想要吓走这只鹓鶵。讲完这个故事，庄子对惠施说，如今您获得了魏国的相位，看见我来了，是不是也要吓唬吓唬我呢？庄子说罢大笑而去。后来李商隐做诗歌咏其事说："未知腐鼠成滋味，猜意鹓鶵竟未休。"那么庄子是不是吃不着葡萄就说葡萄酸呢？不是的，他是真有当大官的机会就是不干。《史记》就记载着这样一段故事：楚国的国家元首楚威王听到庄子的大名，派使者带着千两黄金来请庄子，还要破格安排他做宰相。庄子嘴边露出讽刺的笑，对使者说："千两黄金，应该说是巨款了；宰相的职务，应该说是大官了。但是你没有见过祭祀时用的牛吗？好吃好喝的养了好几年，绫罗绸缎穿在身上，抬入了太庙。当它遭受宰杀的时候，心里的念头肯定是宁愿当一只不受待见的猪而活着，但这还有可能吗？你们赶快走吧！不要再侮辱我了。我宁肯像一只猪一样在臭水沟中游戏，也不愿意被从政所束缚。终身决不当官，这样才能实现我快乐的志向。"

庄子甚至认为官场生活还不如一只拖着尾巴在泥塘里爬行的乌龟，这是庄子拒绝从政的另一个版本。《庄子·秋水》篇记载：一次，他在河南的濮水钓鱼玩儿，这个地方在楚国境内。楚威王听说庄子到了自己的国家，就派了两位大臣请他进宫，真诚地希望他帮助自己治理国家。庄子又对前来邀请他的大臣讲起了故事：楚国有一只神龟，死的时候已经活了三千年，楚王将龟甲隆重地供奉在太庙。请问对于这只神龟来说，它是愿意死了留下龟甲被人供奉来显示尊贵呢，还是愿意活着，哪怕只是在泥塘里拖着尾巴打转呢？大臣不假思索，立刻回答说："当然愿意活着，在泥塘里爬也行啊！"庄子回过头去钓他的鱼，不紧不慢地甩给大臣一句话："请回禀楚王吧，我宁愿拖着尾巴在泥塘里活着。"

从这两个故事看来，庄子实际上并不是同生死，他并没有坚持他的生和死其实都差不多。生和死还是大不一样的，与其高贵

道家的智慧 　庄子的智慧

的死，不如卑贱的生，用民间谚语来说，就是好死不如赖活着。

　　庄子对政治绝望，对社会也绝望，要求人们绝对不动情，所谓"安时而处顺，哀乐不能入"，甚至要求"形如槁木，心如死

灰"，身体像干枯的树，心灵像烧完的灰烬，和死人一样，这就令人想起了俄国大作家屠格涅夫的作品《父与子》中的巴扎罗夫，这个巴扎罗夫就像庄子说的"形如槁木，心如死灰"，毫不动情。例如，接吻本来是男女情热的高峰表现，但你看巴扎罗夫怎样说："接吻，那不过是一堆原子和另一堆原子的碰撞。"但庄子和巴扎罗夫还不一样，庄子实际上是道是无情却有情，看他和惠施的辩论，那就是有名的"濠上之辩"。

庄子和惠施在濠水的桥上观鱼，那时的惠施大概还没有当宰相。

庄子说："你瞧那鱼儿多么悠游自在，这就是鱼的快乐呀！"

惠施和他抬杠："你又不是鱼，你怎么知道鱼的快乐？"

庄子接招："你又不是我，你怎么知道我不知道鱼的快乐？"

惠施又来一个回合："我不是你，所以不知道你；你不是鱼，所以你也不知道鱼，这是肯定的。"

庄子最后说："还是让我理一理咱俩辩论的头绪。你刚才问我：'你怎么知道鱼的快乐'，这个问法就意味着，你已经知道了我知道鱼的快乐，才来问我。我现在告诉你，我是在濠水的桥上知道鱼的快乐的。"

这场辩论，惠施在逻辑上赢了。庄子回避了惠施从逻辑上提出的质疑："你又不是鱼，你怎么知道鱼的快乐？"佛家说，如人饮水，冷暖自知。一个人喝水，是热是凉，多热多凉，只有他自己知道。感觉、感受、感情是纯粹个人的事，别人无法体会，何况一条鱼呢？

但庄子在美学上赢了，赢在一个情的推移上。庄子将自己自由、快乐的心情投射到鱼的摇头摆尾上，于是感到鱼是快乐的，就像辛稼轩的词说的那样："我见青山多妩媚，料青山见我应如是。"

大化于胸，与物为春，天地间还是一个有情的宇宙。在中国人看来，宇宙不是一个冷漠的时空存在，不是一个无情的物理世界，它是生命的鼓动，是情趣的流荡，是严整的秩序，是圆满的和谐。宇宙的存在对于中国人总是具有一种亲切感、家园感，这就是中国人的宇宙情怀，也就是庄子的美学襟怀。

由于时间的关系，庄子的智慧只能点到为止，以后有机会再谈，但我还是想用庄子解梦来结束庄子智慧的讨论。庄子在《齐物论》中说，一个蠢人正做着梦，但不知道身在梦中，在梦中又做起梦来了，醒来才知道是做了梦中梦。但另一个聪明人知道，蠢人的所谓醒来，其实也还是在做梦，而聪明人一个劲地说蠢人做梦、做梦、做梦，哪里知道他自己其实也是在说梦话。李白的浮生若梦，苏东坡的人间如梦，原来都是从这儿来的。他们如果都活到今天，李白和苏东坡恐怕还得向庄子交点儿版税。不过，李白和苏东坡都是庄子的粉丝，看在粉丝的面子上，就免了吧！

　　话说庄子这一梦，就梦到了禅宗。佛家说，佛本来不做梦，但为了普渡众生，不得不进到众生的梦中。众生在未成佛前，都是在做梦，但却像庄子说的那个梦里人一样不自觉。对于佛来说，

梦就像镜花水月，是根本不存在的虚空世界；但对众生来说，做梦却不知是梦，还执著地以为那是真实的世界。因此要有"经声佛号，唤回世上名利客；晨钟暮鼓，惊醒人间梦里人"。

庄子的解梦和佛家的解梦何其相似？庄子说"道在屎溺"，宇宙的大道竟然在屎尿里，这话也总是让人想起禅家的机锋，因此有人说庄禅一家。下面我们就来讨论禅宗的智慧。

赵士林

中國的智慧

禅宗的智慧

禅宗的诞生，是中国佛教史上的大革命，也是中国文化史上的大革命。佛教西来，中土生根，性、相、台、贤、禅、净、律、密八大宗派，都不同程度地渗入了中国文化的体悟和创造。

作为禅宗的中国佛教背景，先简单地介绍一下性、相、台、贤、禅、净、律、密八大宗派。

性指三论宗，又称法性宗，祖师是吉藏，祖庭是南京栖霞寺。这一宗以真俗二谛为总纲，主张色即是空，空即是色，色空不二，真俗不二。

相指法相宗，又称法相唯识宗、唯识宗、慈恩宗、瑜伽宗，这一宗的祖师就是中国佛教最伟大的代表唐僧唐玄奘，祖庭是西安大慈恩寺。宗旨是转识成智，强调人无我，法无我，我法二空。

台指天台宗，创始人智颉，祖庭是浙江天台山国清寺，是中国独创的大乘佛教思想。按修行的程度提出化法四教，按修行的方法提出化仪四教，宗旨是一心三观、三谛圆融。

　　贤指贤首宗，因祖师法藏被武则天赐号"贤首"，因此称为贤首宗。它的另一个更为人知的名称是华严宗，祖庭是陕西终南山至相寺，宗旨是法界缘起、一切无碍，创造性地发展了印度的大乘思想。

　　禅指禅宗，创始人为菩提达摩，祖庭是河南嵩山少林寺。宗旨是直指心性、顿悟成佛，是中国流传最广的佛教宗派之一。

　　净指净土宗，又称莲宗。祖师是慧远和昙鸾，祖庭是江西庐山东林寺。主张一心专念阿弥陀佛，临终即可仰仗阿弥陀佛往生净土，由于简便易行，符合大众需要，和禅宗一样成为流传最广的佛教宗派。

　　律指律宗，顾名思义，主要关注佛家戒律。创始人是道宣律师，祖庭是陕西终南山峰德寺。

　　密指密宗，又叫做真言宗。创始人为善无畏、金刚智和不空，被称为"开元三大士"，祖庭是西安大兴善寺。尊崇本尊，就是修习者选择的最崇敬的一尊佛，修身、口、意三密。传说得到法身佛秘密真言来传教，不经过灌顶和传授不得任意自学和显示密法，因此被称为密宗或真言宗。

　　中国的佛学家们在研习佛法中，不断地将佛学中国化，到了

禅宗，则完成了佛学的中国化。禅宗可以说是彻底的中国佛学，那么，禅宗作为中国佛学具有哪些特征，或者说体现出什么样的文化价值呢？这个问题说来话长，这里只能挂一漏万。我的体会是，禅宗的文化特征或说文化价值就体现在人生、自然、宇宙三境界的开拓。如果分别用三句禅诗比喻，那就是：

> 落叶满空山，何处寻行迹。
> 空山无人，水流花开。
> 万古长空，一朝风月。

落叶满空山，何处寻行迹
——人生境界的开拓

　　禅在中国，已经不仅是一种佛家修行，已经不仅是六度之一，甚至已经不仅是一种佛教宗派。一般人都将佛学研究佛理、实践佛的教义，也就是佛家修行称为参禅。六度又称六波罗蜜多，波罗蜜多是梵语的音译，意思是"到彼岸"。六度就是六种从烦恼的此岸到觉悟的彼岸的方法，内容有布施、持戒、忍辱、精进、禅定、般若。其中第五度禅定就是修佛进入的一种纯净的精神状态。禅宗作为一个佛教宗派就是上面介绍的八大宗派之一。这里所说的"禅宗的智慧"，和这些含义都有联系，但是又超越了这些含义。禅宗的智慧，已经化成一种人生境界，就连禅宗的信徒——台湾的圣严法师也说，禅的本身不是宗教，也不是哲学，而是一种生活的理念、方式、内涵。我对禅的体会是：禅是春意盎然的生命礼赞，充满深情的人间颂歌。在中国禅这里，已经没有印度佛教所描绘的苦难阴暗的人生图景，而是跳荡着生动活泼的人间情味。禅比宋祖英的颂歌更积极，更热爱生活。宋祖英的拜年歌唱的不过是"今天是个好日子"，禅的人生境界则如云门禅师所说"日日是好日"，天天都是好日子。

落叶满空山，何处寻行迹？

禅要寻找的这个"行迹"，就是在人间万象中展现的人生至情，在人生至情中透露的人生至理。关注人生的至情和至理并不违背佛的意旨，发慈悲心，作菩萨行，饶益有情，普渡众生，正是大乘佛的基本诉求，所谓"成大智不住生死，成大悲不住涅槃"。

那么如何才能成佛？悟到了人生的至情和至理，也就成了佛。至情和至理往往就在老百姓的日常生活中，成佛就在平常心，平常事，不在刻意做秀。禅宗告诉我们，在我们迷时，山还是山，水还是水；在我们悟时，山还是山，水还是水。所谓"担水砍柴，无非妙道"，悟道之前是担水砍柴，悟道之后还是担水砍柴，不同的是，悟道之后的担水砍柴才有意义，才有价值。就像我们当年对部队炊事班的新兵进行革命传统教育：参加革命队伍之前是养猪做饭，参加革命队伍之后还是养猪做饭，但有了革命觉悟再养猪做饭，就更有意义，更有价值。

平凡中有伟大，这就是禅的开悟。

禅宗的普愿和尚说"平常心是道"，这一句话，就回到了中国传统。它的真精神就是《坛经》说的"佛法在世间，不离世间觉。离世觅菩提，恰如求兔角"。意思是说，佛法就在人间，离不开人间的觉悟，如果离开人间的觉悟去寻找佛法，就像在兔子的头上寻找角一样荒唐。

因此，禅宗要求"随所住处恒安乐"，认为"西方就在目前"，如果觉悟，人间就是佛国，西方极乐世界就在你的眼前。

关注人生的至情至理，开拓禅所特有的人生境界，就要求我们归本一心，在心灵的开悟中证道，在自性的修养中成佛，即所谓——我心自有佛，自佛是真佛，自若无佛心，何处求真佛。

因此有禅诗说：镇日寻春不见春，芒鞋踏破陇头云。归来喜拈梅花嗅，春在枝头已十分。

禅宗的智慧

落叶满空山，何处寻行迹

归来就是回到你的心灵，在你的心灵中寻找春天。

归本一心不是守着心坐禅，什么也不干。慧能的弟子怀让的语录记载：马祖道一为自己弄了个单间，专门在里面坐禅，来访者概不接待。怀让就在他的单间外面磨一块砖，磨来磨去，马祖也不理睬。怀让没完没了地磨，马祖终于禁不住好奇心，就问怀让："你磨砖干什么？"怀让回答说："磨砖做镜子。"马祖嗤笑："砖怎么能磨成镜子？"怀让马上接茬："坐禅怎么能够成佛？"

归本一心要求我们该干啥就干啥，像禅家所说，穿衣吃饭，拉屎送尿，在随处点发中获得心灵的开悟。

在心灵的开悟中证道，在自性的修养中成佛，要求我们充分认识："佛"就是"清净心"，"道"就是所思所行"处处无碍"；学佛之人，必须做"不受人惑的人"。"处处无碍"四个字十分奇妙，它是禅境，是儒境，也是道境。中国的智慧，不都是在追求身心形神的"处处无碍"吗？

清净心，不受人惑，处处无碍，就是孟子所说的"不动心"、"收放心"，也就是在滚滚红尘的诱惑面前，灵魂保持纯净，精神不受污染，防止庄子所说的"形为物役"，也就是防止我们成为虚名浮利的奴隶。这个说起来容易，做起来何其难哪！

前面讲到苏东坡官场失意，经常遭到降职处分。一次，他被贬到瓜州那个地方做地方官。与瓜州一水之隔就是著名的金山寺，金山寺的主持佛印和尚和苏东坡成了好朋友，两人经常在一起交流学佛的体会。一天，苏东坡觉得自己的佛学修养大有长进，就写了一首诗谈自己达到的境界。诗云："稽首天中天，毫光照大千；八风吹不动，端坐紫金莲。"

这种谈佛理的诗有一个专门名称，叫偈。天中天是佛的尊称，八风是影响人情绪的八种刺激和境遇，即称、讥、毁、誉、利、衰、苦、乐，也就是称赞、讥讽、抨击、恭维、利益、伤害、苦恼、欢乐。紫金莲就是修佛的座位。整首诗的意思是：遥拜伟大

176

的佛祖，您的光明普照大千世界；要向您汇报的是，我如今已经不受八风的影响，专心致志地进入禅的境界了。

　　这首诗从文学的角度看，是一篇优秀作品；从修佛境界的体味来看，也是偈中的上乘之作。香港天坛大佛落成时，赵朴初居士题词还用了这首诗。苏东坡吟着这首诗，很是得意，就派书童给佛印送过江去。佛印看了之后，立即在上面提了几个字，让书童带了回来。苏东坡满以为佛印会夸奖自己有境界，不料打开一看，却只有两个字："放屁！"

　　苏东坡十分气愤，心想我这样严肃认真地和你讨论佛理，你居然敢这样羞辱我，立刻坐船过江，要向佛印讨个说法。佛印不在庙里，但他好像知道苏东坡要来算账，已经给他留了个字条。苏东坡一看，上面写着十个字："八风吹不动，一屁打过江。"

　　原来佛印看过诗后就知道苏东坡有些自得炫耀，实际上离大彻大悟还远着呢！于是用这样的方法来启发他。

　　苏东坡自以为禅心清静，八风都吹不动了，却连一个放屁的考验都没有通过，可见不动心之难。

不动心，为的是做自由人，禅宗自称自由人，自由人就是打破一切偶像，进入逍遥自在的人生境界，这又有点像庄子了。为了做自由人，首先要心空万物，最后甚至连心都要空。我们都知道禅宗北宗领袖神秀和南宗领袖慧能那两首著名的偈。神秀的偈说：

身是菩提树，心是明镜台。时时勤拂拭，慎勿惹尘埃。

慧能的偈则针对神秀：

菩提本非树，明镜亦非台。本来无一物，何处惹尘埃？

显然慧能的偈更彻底、更透亮。彻底就彻底在连心都空没了，透亮就透亮在无心还哪里有什么心动呢？为了做自由人，禅宗否

定一切外在的权威，甚至呵佛骂祖，连佛经的权威、佛的权威都敢亵渎。例如，师问仰山：《涅槃经》四十卷多少是佛说？多少是魔说？仰曰：总是魔说。佛经竟然全都成了魔鬼的说辞。问：如何是佛？回答竟是：干屎橛、麻三斤。有位禅师进得庙来嫌屋子冷，居然把供奉的木佛取下来劈了烧火取暖。有位禅师竟然在庙里随地大小便，背对着佛像，脱了裤子蹲下来撅起屁股就拉，有人问他你一个出家人怎么能这样不敬佛，竟然把屁股对着佛像大便？这位禅师回答："不是说佛无处不在，到处都是佛吗？既然这样，我在哪儿大便屁股不是对着佛呢？"

你瞧，他还满有理。更有甚者，禅宗到了极端，临济宗的义玄竟说出"逢佛杀佛，逢祖杀祖，逢罗汉杀罗汉"这样的疯话，这真是彻底的亵渎了。不管如何解释说这是为了彻底地破除外在的偶像权威，追求内心的自由，但禅宗出现这样的走向，已经完全堕入狂禅了。

还是让我们回到禅宗的本来面目吧。

佛祖在灵山大会上，拿起一朵花给大家看，大家都没有理解佛祖的深意，沉默无言，会场一片寂静，只有迦叶尊者脸上突然绽放出灿烂的笑容。于是佛祖说：我有更深的教义，微妙的法门，不准备编教材了，在教外再传一系吧！迦叶，这个任务就交给你了。

这就是禅宗文献《五灯会元》记载的拈花微笑，道体心传，这是一幅多么美丽的人间图景。

在这样一幅人间图景中，禅宗让我们在应该明白的时候比谁都明白，又让我们在应该糊涂的时候比谁都糊涂。

在这样一幅人间图景中，驱逐了私心、野心、黑心、贪心，培育了好心、良心、善心、禅心。最后是表里俱澄澈，清池皓月照禅心。

　　特别值得关注的是，禅所开拓的人生境界，与儒的价值取向殊途同归，体现了两种伟大智慧的合流，共同滋润着人间生活，如《坛经》说：心平何劳持戒，行直何用修禅？恩则孝养父母，义则上下相怜。让则尊卑和睦，忍则众恶无喧。

　　特别耐人寻味的是，台湾那位著名的证言法师竟然说，人死不要死在医院里，不要死在陌生人中，而应该死在家里，死在亲人的环绕中。儒家倡导的伦理亲情，就这样融进佛家的关怀中。

　　禅指向人间，洋溢着浓厚的大地气息，我们应该在禅的感召下，为大地创造意义。这就是禅所开拓的人生新境界！

空山无人，水流花开

——自然境界的开拓

最高的存在都通往自然，这就是老子告诉我们的道法自然。中国的禅学力求实现自然的生命境界，在这个意义上，我们又可以将"禅"理解为一种追求自然的文化使命。

英国哲学家休谟在他的代表作《人性论》中指出：自然是和人性不可分离的。禅的人生境界的开拓指向一个自然境界，不人工造作，无斧凿痕迹，宛若空山无人，水流花开。

禅的自然境界，体现为人生的顺其自然，如同鸟飞叶落，"不落因果"，又"不昧因果"。所谓"春有百花秋有月，夏有凉风冬有雪。若无闲事挂心头，便是人间好时节"。（无门禅师《日日是好日》）

因此有这样的看似平常却有深意的对话：

问：和尚修道，还用功否？

师曰：用功。

曰：如何用功？

师曰：饥来吃饭，困来即眠。

曰：一切人总如是。同师用功否？

师曰：不同。

曰：何故不同？

师曰：他吃饭时不肯吃饭，百种须索。睡时不肯睡，千般计较。（《景德传灯录》卷六）

僧问师学人乍入丛林，乞师指示。师云，吃粥也未？云吃粥了也。洗钵盂去。其僧因此大悟。（《指月录卷十一·赵州》）

吃饭、睡觉、喝粥、洗碗，这不是最自然的日常生活吗？然而悟道，就在这自然中。

因此六祖慧能说：慧能没伎俩，不断百思想，对镜心数起，菩提作么长。（《坛经》）

禅的自然境界，又体现为自然生意的体悟追求，即所谓"青青翠竹，总是法身，郁郁黄花，无非般若"。

禅宗的智慧

空山无人，水流花开

问：如何是天柱家风？

师曰：时有白云来闭户，更无风月四山流。

问：如何是佛法大意？

师曰：春来草自青；常忆江南三月里，鹧鸪啼处百花香。
（《五灯会元》）

这是多么美丽的问答，这样的问答，只能出自禅的自然心境。

因此有陶渊明的"采菊东篱下，悠然见南山"；有杜甫的"水流心不竞，云在意俱迟"；有李白的"花将色不染，水与心俱闲。一坐度小劫，观空天地间"。

日本禅的俳句最能传神地体现禅的自然境界："晨光啊！牵牛花把井边小桶缠住了，我借水。"

舍不得破坏那自然的生意、宁静和美丽，宁肯去借水。

如果人人都有这样一颗禅心，何来环境污染？何来生态危机？何来臭氧层空洞，地球升温？

万古长空，一朝风月

——宇宙境界的开拓

人生境界，自然境界，最后都要有一个总的依托，那就是宇宙境界。

183

> 万古长空，一朝风月，瞬刻永恒，就是禅的宇宙境界。

禅对宇宙，不像未来派诗人那样狂妄，如马里内蒂《未来主义宣言》宣称：我们站立在世界的峰巅，再一次向星辰提出挑战。

禅对宇宙有深情，有瞩望，更像那位英国诗人勃莱克的诗：

一花一世界，一沙一天国，君掌盛无边，刹那含永劫。

恰如宋代僧人道灿吟咏重阳的诗句：

天地一东篱，万古一重九。

苏东坡有悟道之言，那就是前面曾引用过的《前赤壁赋》中的话：

自其变者以观之，则天地曾不能以一瞬；自其不变以观之，则物与我皆无尽。

这是禅的瞬刻永恒，这是打破生死、跳出轮回的大彻大悟！

长空不碍白云飞。

白云在青空飘荡，人群在都会匆忙。

这是一个人们应该深长思之的禅宗命题，也是充满宗教情怀的终极关切。

由于时间的关系，禅宗的智慧也只能是点到为止。不过按照禅宗的不立文字的要求，我已经说得太多了。遇到禅宗大师，恐怕也要拧我的鼻子，甚至还要挨上几棒子了。

关于禅宗，最后还有一个问题：为什么中国禅走向了人间？为什么中国文化特别认同"人间佛教"精神？日本最著名的禅学家铃木大拙博士认为，专就民族性格来说，印度人具有冥想的、抽象的、非现世的、非历史的倾向；中国人则对现世生活十分关心，特别尊重历史与实际，热爱具体的生命与事象。

铃木大拙博士对中国民族性格的描绘我们大致能够同意，但进一步的问题是，中国人为什么具有这样一种民族性格呢？我想，还是要从孔子那里找原因。

从孔子开始，中国的文化就从神走向人。孔子关注的核心问题就是中国人的社会生活，特别是道德生活。与人间生活没有关系的事，孔子很少关心，也很少讨论。例如，庄子评价孔子："六合之外，圣人存而不论。"六合就是天地东西南北，是世界的别名。这句话的意思是，人间世界之外的事，孔子可能承认它存在，但绝不讨论它。看来还是庄子最了解孔子，尽管孔子不是他的偶像。例如，对宗教问题就是这样。关于宗教涉及的生死、鬼神问题，孔子的著名态度是：

未知事人，焉知事鬼？

未知生，焉知死？

人的事情我还没搞明白，哪里有时间去搞清楚鬼的问题？活着的事就够我烦的了，哪里还有时间去管死的事？

孔子的学生子贡追问老师：老师你一定要回答我，人死后到底有没有灵魂？孔子怎样回答呢？他说：这件事你不必忙着弄清楚，等你死了自然就知道了。

孔子的文化态度培育了中国人人间的、实用的理性精神，就是对宗教也是采取这种态度。中国人的宗教态度，也是人间的、实用的，或者说是功利的。

例如，前面谈到的中国唯一的土生土长的宗教——道教，就是一种追求长生不死的宗教，它的得道成仙，它的神仙世界，并不在另外一个天国，它就是能够永远常驻的理想化的人间世界。这在世界宗教史上是独一无二的。

由于对宗教采取人间的、实用的、功利的态度，中国宗教的特点就是多神，并且大搞偶像崇拜。道教就以多神著称，而真正成熟纯正的宗教其实都是一神论，并且反对偶像崇拜。例如，宗教精神最强烈，护教热情最高的伊斯兰教，就只崇拜真主，并且真主还不能有偶像。伊斯兰教义认为崇拜偶像要下地狱。其实基督教、佛教原来也这样主张，但佛教到了中国后，为了本土化，也搞起了偶像崇拜，神也多起来了，其中许多神都是道教掺进去的。例如，进了庙，通常在第一个大殿就能看到的四大天王，那本来是道教的神。在保留了更多印度原始佛教精神的南传佛教，也就是小乘佛教（人家自己叫上座部佛教），也就是今天我国的西双版纳，还有泰国、缅甸等国家信奉的佛教，你去看它的寺庙，里面一般只供释迦牟尼一尊佛。特别值得注意的是，从人间的、实用的、功利的角度出发，中国人崇拜的许多神，其实都是死了的人，如老子、关羽等，因此有学者认为中国的宗教就是祖先崇拜。任何祖宗，任何人，只要死后还能发挥作用，都能变成神，中国人给神的编制是十分慷慨的。

清代有位外国传教士指出，中国人崇拜神又忽视神。孔子劝人"敬鬼神而远之"；民间有谚语"祭神如神在，不祭也无碍。拜神如神来，不拜也不怪"。其实中国人岂止是忽视神，有时还亵渎神。例如，龙是中华民族的图腾，是吉祥高贵的象征，但一有节日，我们还不是举着它耍来耍去？

为了防止灶王爷上天说人的坏话，我们竟能够把他的嘴用糖封起来。

老舍曾说佛不是保险公司的老板，他不能替你保险一切。但中国人确实就把宗教的神当成了保险公司的老伴，当成了做买卖的对象。我供你多少，你也要还报多少，如果不灵，对不起，就拜拜了。

这种宗教态度有两重性。正面的效应是，我们没有宗教发达国家常有的那种宗教迷狂和宗教极端主义。我们中国人不理解怎么为了宗教信仰还能发动战争，就像西方人不能理解我们一个人怎么还能信好几个神一样。负面的效应是由于缺乏虔诚、强烈、执著、纯净的宗教信仰，我们往往就缺乏对神圣事物的敬畏心和庄严感，缺乏只有宗教才能带来的文化深度。但这个负面效应，由于儒家思想所具有的准宗教功能，在一定程度上被克服了。

话说回来，孔子倡导的人间文化精神，乃至道家老庄建构的超越哲学的智慧，都直接地影响了中国佛学；禅宗的形成，和儒家、道家都有千丝万缕的联系，因此在宋代之后，还形成了三教合一的浪潮。我们要记住的是，禅宗的文化灵魂是中国的，它是中国智慧的杰出表现。

回到孔子来结束这草草的中国智慧的旅行。

有孺子歌曰："沧浪之水清兮，可以濯吾缨。沧浪之水浊兮，可以濯吾足。"孔子曰："小子听之，清斯濯缨，浊斯濯足矣，自取之也。"

有个小孩子唱着一首歌："沧浪的水清啊，可以洗我的帽缨；沧浪的水浑哪，可以洗我的两脚。"孔子听了连忙对学生说："你们听着，水清就洗帽缨，水浑就洗脚，对待水的态度全都是水自身造成的。"

这话既有诗意，又有深意，它涉及到人生的选择。那么怎样选择人生，希望"中国的智慧"能够给你一点儿启示。

中国的智慧

禅宗的智慧 万古长空，一朝风月

189

后记

　　这本书是我近年来在北大、清华等高校讲授国学的讲演稿，讲演对象有大学生、研究生和大学教授，也有企业家和政府官员。令我始料未及的是，每次讲演无一例外地受到了热烈欢迎。有的时候接连授课五天，每天六个小时，学员们竟毫无倦意，甚至还主动要求延长授课时间。看来这本书的选题和内容乃至授课方式和风格还是适应了某种普遍的需要，之所以出这本书的动力就是来自学员们多次诚挚的吁求。学员们的真诚和热忱现在回忆起来尤令我深为感动。特别是我们的企业家在繁忙工作之余，还想方设法地抽时间如饥似渴地学习看起来和他们的公司业务并没有什么直接关系的国学，其诚可感。这不正是中国的一个巨大希望吗？中国企业家文化素质的空前提高，一定会给中国的健康发展、科学发展、可持续性发展提供最强大的精神源泉。

　　是所望焉！谨记。